D1663709

Stefan Jürgens

Auf du und du

Stefan Jürgens

Auf du und du

Wie Beten geht

Patmos Verlag

Um eine bessere Lesbarkeit zu ermöglichen,
verzichte ich an den meisten Stellen im Buch auf die Nennung
beider Geschlechter sowie auf das Gender*sternchen.
Gemeint sind aber immer alle (w/m/d).

Inhaltsverzeichnis

Vor allen Worten

Diese kleine Gebetsschule ist durch die Anfragen vieler Menschen entstanden, die noch nicht oder nicht mehr beten konnten, mit denen ich nach Wegen zum Gebet suchen durfte, sei es in Seminaren oder in der geistlichen Begleitung. Und sie ist entstanden durch mein eigenes Suchen und Fragen. Während des ersten Corona-Lockdowns im März 2020 konnte ich sie auf der Internet-Seite der Bistumszeitung »Kirche und Leben« sowie in meinem eigenen Internet-Blog »Der Landpfarrer« veröffentlichen. Das »Social Distancing« sollte nicht bedeuten, mit Gott auf Distanz zu gehen, ganz im Gegenteil. Vielleicht, so hatte ich mir gedacht, ist das Abstandhalten eine Gelegenheit, wieder mit Gott ins Gespräch zu kommen, auf ihn zu hören und ihm zu antworten. Die vielen Reaktionen der Leserinnen und Leser haben mir gezeigt, dass die Sehnsucht nach einer intensiven Gottesbeziehung, nach Gebet und Stille nach wie vor unübersehbar groß ist.

Mit dem Beten hatte ich selbst immer schon große Schwierigkeiten. Ich wollte Christ sein mit Bewusstsein und Konsequenz, doch ich hatte mit zwei Problemen zu kämpfen: Ich konnte nicht reden und ich konnte nicht beten. Selbstverständlich habe ich es immer wieder versucht, aber es wollte nicht gelingen. Auch dann nicht, als ich mir die Frage zu stellen begann, ob ich vielleicht Priester werden wollte. Reden und Beten wollten einfach nicht gelingen.

Als stiller, zurückhaltender Mensch hatte ich mich mit dem Reden schwergetan. Ich habe erst damit angefangen, als ich als junger Diakon zu predigen hatte. Ich habe es geübt – und es ging. Als Kirchenmusiker war die Musik lange Zeit mein einziges Gebet; Singen und Spielen war leichter als Beten, ich war viel lieber »Spielmann Gottes« als Vorbeter, liebte die relative Abgeschiedenheit der Orgelbank mehr als die Kirchenbank und den Gebetsschemel. Immer wieder habe ich Bücher über das Gebet gelesen, habe fertige Gebete ausprobiert und eigene geschrieben. Ich habe versucht, mich an die pflichtgemäßen Gebete zu klammern, um die man eben nicht herumkommt, wenn man einen geistlichen Beruf anstrebt. Glaubwürdige Christinnen und Christen waren meine Vorbilder und Vorbeter.

Und doch wollte es nicht gelingen. Bis ich irgendwann zu mir gesagt habe: Dein Glaube braucht ein Dach überm Kopf. Du darfst nicht so sehr auf Innerlichkeit setzen, bete schlicht und einfach von außen nach innen. Methoden reinigen das Herz: Tu immer wieder dasselbe, halte durch, mach dein Gebet nicht von Lust und Laune, von Erfolg und Misserfolg abhängig, sondern stell dich hinein in die Erfahrung vieler Beterinnen und Beter vor dir. Eines wundervollen Tages begann es wie von selbst in mir zu beten. Heute bin ich dankbar, mein Gebet nicht mehr zu überfordern, sondern mein ganzes Leben in Gottes Gegenwart zu bestehen zu versuchen. Meine eigene Gebetspraxis ist durch eine Schule gegangen. Es fällt mir immer noch schwer, aber das belastet mich nicht mehr.

Auf diesem Hintergrund habe ich diese kleine Gebetsschule entworfen; Gedankenanstöße zum stetigen und ver-
lässlichen, persönlichen Beten auf der Bettkante oder sonstwo
im stillen Kämmerlein (Matthäus 6,6). Die Gebetsschule be-
ansprucht keine Vollständigkeit, sie ist keine systematische
Abhandlung und kein Grundkurs. Dafür ist alles, was ich hier
vorstellen darf, selbsterarbeitet und -erbetet, in Seminaren
durchdiskutiert, in Exerzitien bedacht und in der Praxis ausprobiert. Ich stelle ausschließlich Gebetsweisen vor, die ich
selbst praktiziert habe, denn über das, was man nicht kennt,
soll man besser schweigen.

Etwas grundsätzlicher gehalten sind die beiden ersten
Impulse: »Das göttliche Du – der persönliche Gott« und
»Durch ihn und mit ihm und in ihm – Christen beten anders«. Darin geht es zunächst um die Gottesfrage, das zurzeit
wichtigste Thema des Glaubens, denn Ungläubige oder
Gleichgültige nehmen keine Gottesbeziehung auf (Gott bie-
tet sie ja immer an), können von daher zu ihm nicht du sagen
und beten folglich auch nicht. Dann geht es um die zweit-
wichtigste Frage des Christentums, die Rechtfertigung bzw.
die Frage nach dem unterscheidend Christlichen, denn wer
sich von Gott finden lässt (die Suche nach ihm ist im Christentum ja nicht mehr nötig, wir sind Gefundene), glaubt, betet und handelt anders.

Beide Kapitel habe ich sehr komprimiert, aber man
merkt ihnen sicher an, dass hier viel Herzblut geflossen ist.
Insbesondere die Unterscheidung zwischen Glaube und
Religion ist für mich hilfreich, mir der Bedeutung Jesu Christi

für mich ganz persönlich bewusst zu werden, wenn sie auch etwas überspitzt und pointiert geraten ist.

Die weiteren Impulse sind praktische Anregungen, eine eigene geistliche Ordnung zu entwickeln und verschiedene Gebetsweisen und Methoden kennenzulernen – immer zu verstehen als geistliches Buffet, aus dem jede und jeder auswählen mag, was zu ihr und ihm passt. Ich wünsche mir, dass diese Gebetsschule im doppelten Sinn zum Lesen einlädt: Anregungen zum Lesen und zum Auflesen, zum Sich-Einsammeln vor Gott.

Stefan Jürgens

Zu wem beten?

Gott ganz persönlich

Wer ist eigentlich Gott? Das ist die entscheidende Frage auf dem Weg zum Gebet. Und umgekehrt: Durch das Gebet mache ich deutlich, wer oder was mein »Gott« ist. Ich kann glauben im Sinne einer Vermutung; dann glaube ich,»dass« »er« – oder »es« – existiert. Ich kann aber auch glauben im Sinne von personalem Vertrauen; nur dann glaube ich »an« Gott. Erst dieser Vertrauens- und Beziehungsglaube ermöglicht Dialog, Kommunikation, Gespräch: Gebet.

Wer »Gott« sagt, meint damit ja nicht unbedingt den Vater Jesu Christi. Für manche ist »Gott« nur das Spiegelbild des eigenen Ich: Dann stellt »er« nichts in Frage, sondern muss dazu herhalten, mich in allem zu bestätigen. Für andere ist »Gott« die Projektionsfläche unerfüllter Wünsche. Dann sitzt »er« in der Nische des Nichterklärbaren, in der Lücke meiner Trauer, in der Angst vor meiner Sterblichkeit, auf der Anklagebank für Naturkatastrophen und persönliches Leid. Manchmal ist »Gott« gar nur das personifizierte Über-Ich Freud'scher Psychologie, das schlechte Gewissen, das einem hinterherschnüffelt und einen unaufhörlich beißt. Überall wird das Wort »Gott« (oder wen man für »Gott« hält) benutzt, gebraucht; doch erst, wo man auf seine in Christus offenbarte

Liebe antwortet – ob nun bewusst oder nicht, ob ausdrücklich oder unthematisch –, bekommt man es mit Gott zu tun. Auch unter Christinnen und Christen muss das Wort »Gott« für allerhand Unsinn herhalten. Da gibt es »Gott« als den alten Opa, der längst überholte Ansichten vertritt und deshalb nichts mehr zu sagen hat; als heilige Tradition oder bürgerliches Sahnehäubchen – einer, der an Lebenswenden wichtig wird und Familienfeste feierlich zu umrahmen hat, obwohl man ansonsten »Gott« einen guten Mann sein lässt; als Belohner, der einen mag, solange man brav und anständig bleibt; als Bestrafer, der menschliches Tun mit entsprechenden Schicksalsschlägen ahndet; als Mitmenschlichkeit, die sich im sozialen Miteinander ereignet; als Begründer und Garant von Macht und Autorität, staatlich und kirchlich; als letzte Sicherheit in den Gefahren des Lebens; als Schutzmacht der bestehenden Ordnung; als Klempner oder Feuerwehrmann, der eiligst zu kommen hat, wenn etwas nicht funktioniert, der aber ansonsten nur stört; als Aufpasser und Kontrolleur, der sich freut, wenn er mich bei einem Fehler erwischt; als höchstes Wesen, das man bestenfalls denken, aber nicht lieben kann; als mir innewohnender kategorischer Imperativ, den ich einfach oder auch staunend annehmen muss, um moralisch gut zu handeln; schließlich als milde lächelnder Weichling, der einem nichts krumm nimmt und mit allem nachsichtig ist, weil ja alles doch nicht so schlimm ist. Am Ende ist »Gott« dann zuständig für gutes Wetter im Urlaub, für meine Krampfadern und für einen möglichen Lottogewinn. Alle diese Gottesbilder sind meistens nichts als Götzen, menschliche Zerrbilder »Gottes«, Ausdruck einer magischen, Angst machenden oder allzu harmlosen, abergläubischen Religion. »Gott« ist ein beladenes, beflecktes und zerfetztes Wort, weil »es« immer wieder für alles und jeden herhalten muss, im Guten wie im Schlechten.

Wer also ist Gott? Wenn es im Glauben um Beziehung geht, dann ist Gott kein Es, das man gebrauchen und auch missbrauchen kann, sondern ein Du, mit dem man in Beziehung lebt, und das ist sehr anspruchsvoll. Schon in menschlichen Beziehungen gilt: Ich kann den anderen niemals nur gebrauchen, wenn es mir schlecht geht oder ich nicht mehr weiterweiß, sondern ich möchte mit ihm leben, ganz und gar. Der Vergleich mit einer Liebesbeziehung unter Menschen macht es deutlich: »Ich liebe dich, weil du mir nützlich bist« – das ist der Tod einer jeden Beziehung. »Ich liebe dich nur ab und zu, wenn mir danach ist« – das geht nicht, weil Liebe zeitlos ist, ja, ewig sein will. Liebende haben füreinander alle Zeit der Welt, sie wollen immer beieinander sein. Sie haben voreinander keine Angst – alle »Gottesbilder«, die Angst machen, sind dämonisch –, sondern geben einander vorbehaltlos alles und sich selber hin; sie wollen einander nicht nur denken – alle »Gottesbilder«, die sich um ein abstraktes »Es« drehen, bleiben letztlich folgenlos –, sondern spüren, einander sehen und erkennen auf Augenhöhe.

»Gottesbilder« ist ein unseliger und beladener Begriff, denn wir sollen uns von Gott kein Bild machen (Exodus 20,4). Jedes Gottesbild macht unsere Vorstellung von Gott eng und klein, ist missverständlich und dient meistens nur denen, die über andere herrschen. Die ganze Bibel ist voll von Abweisungen gegen jeden Versuch, Gott auf einen Namen oder eine Vorstellung festzulegen. Jede Aussage über Gott ist zunächst eine Aussage von und damit über Menschen, über ihre Erfahrungen mit ihm. Ich kann nicht objektiv über »Gott an sich« sprechen, sondern nur subjektiv von »Gott für mich« – darin steckt allerdings die Gefahr zur Beliebigkeit – oder besser noch intersubjektiv von »Gott für uns«, wie es die Bibel tut. Selbstverständlich bleibt Gott eine objektive Wirklichkeit, auch ohne mich und außerhalb von mir oder von uns. Aber mein Sprechen über ihn ist menschlich, subjektiv oder besser noch intersubjektiv, also kommunikativ und gemeinschaftsbezogen.

Wenn ich dennoch von Gottesbildern spreche, dann deshalb, weil eine personale Begegnung mit einem Du, einem konkreten Gegenüber, ohne menschliche Bilder nicht auskommt. Dabei muss man sich immer bewusst bleiben: Jedes Sprechen von Gott ist analog, er selbst bleibt der Unbegreifliche, Geheimnisvolle. Wenn ich aber von ihm spreche, dann in Analogie zu menschlichen Beziehungen, weil das am ehesten trifft: Ich spreche von seiner Liebe, von seiner guten Hand. Ich nenne ihn Vater und mich selbst sein Kind, und zwar nicht, weil er ein Mann und irgendwann Vater geworden wäre im menschlichen Sinn, sondern weil Jesus ihn so genannt hat: Abba, lieber Vater (Markus 14,36). Und doch bleibt auch »Vater« ein Menschenwort, das Gottes Geheimnis nicht fassen kann, und mein Glaube bleibt ein geliehener Glaube, ein Glaube aus zweiter Hand, nämlich aus der Hand Jesu.

Ich glaube Jesus seinen Gott. Er ist mein einziges Gottesbild, er ist das Bild des unsichtbaren Gottes (Kolosser 1,15).

Wer ist Gott?

Wer ist Gott? Der Unbekannte, Geheimnisvolle, der Beziehung schenkt; kein abstraktes Es, sondern ein liebendes Du. In der Bibel wird dies sehr anschaulich in der Berufungsgeschichte des Mose:

Mose weidete die Schafe und Ziegen seines Schwiegervaters Jitro, des Priesters von Midian. Eines Tages trieb er das Vieh über die Steppe hinaus und kam zum Gottesberg Horeb. Dort erschien ihm der Engel des Herrn in einer Flamme, die aus einem Dornbusch emporschlug. Er schaute hin: Da brannte der Dornbusch und verbrannte doch nicht. Mose sagte: Ich will dorthin gehen und mir die außergewöhnliche Erscheinung ansehen. Warum verbrennt denn der Dornbusch nicht?

Als der Herr sah, dass Mose näherkam, um sich das anzusehen, rief Gott ihm aus dem Dornbusch zu: Mose, Mose! Er antwortete: Hier bin ich. Der Herr sagte: Komm nicht näher heran! Leg deine Schuhe ab; denn der Ort, wo du stehst, ist heiliger Boden. Dann fuhr er fort: Ich bin der Gott deines Vaters, der Gott Abrahams, der Gott Isaaks und der Gott Jakobs. Da verhüllte Mose sein Gesicht; denn er fürchtete sich, Gott anzuschauen.

Der Herr sprach: Ich habe das Elend meines Volkes in

Ägypten gesehen, und ihre laute Klage über ihre Antreiber habe ich gehört. Ich kenne ihr Leid. Ich bin herabgestiegen, um sie der Hand der Ägypter zu entreißen und aus jenem Land hinaufzuführen in ein schönes, weites Land, in ein Land, in dem Milch und Honig fließen, in das Gebiet der Kanaaniter, Hetiter, Amoriter, Perisiter, Hiwiter und Jebusiter. Jetzt ist die laute Klage der Israeliten zu mir gedrungen, und ich habe auch gesehen, wie die Ägypter sie unterdrücken. Und jetzt geh! Ich sende dich zum Pharao. Führe mein Volk, die Israeliten, aus Ägypten heraus!

Mose antwortete Gott: Wer bin ich, dass ich zum Pharao gehen und die Israeliten aus Ägypten herausführen könnte?

Gott aber sagte: Ich bin mit dir; ich habe dich gesandt, und als Zeichen dafür soll dir dienen: Wenn du das Volk aus Ägypten herausgeführt hast, werdet ihr Gott an diesem Berg verehren. Da sagte Mose zu Gott: Gut, ich werde also zu den Israeliten kommen und ihnen sagen: Der Gott eurer Väter hat mich zu euch gesandt. Da werden sie mich fragen: Wie heißt er? Was soll ich ihnen darauf sagen? Da antwortete Gott dem Mose: Ich bin der »Ich-bin-da«. Und er fuhr fort: So sollst du zu den Israeliten sagen: Der »Ich-bin-da« hat mich zu euch gesandt. Weiter sprach Gott zu Mose: So sag zu den Israeliten: JHWH, der Gott eurer Väter, der Gott Abrahams, der Gott Isaaks und der Gott Jakobs, hat mich zu euch gesandt. Das ist mein Name für immer, und so wird man mich nennen in allen Generationen.

(Exodus 3,1–15, Einheitsübersetzung 1980 © Katholische Bibelanstalt, Stuttgart)

Gott ist nicht zu fassen, er bleibt unbegreifliches Geheimnis und ist doch zum Greifen nah. Er nennt Mose Namen, ist ein Gott der Menschen: »Gott Abrahams, Isaaks und Jakobs«. Ein mitleidender Gott, der das Elend seines Volkes kennt; ein mitgehender Gott, der nicht in Tempeln wohnt, sondern der dort anzutreffen ist, wo seine Menschen leiden; einer, der Interesse am Menschen hat (inter-esse bedeutet dazwischen-sein). Er ist ein Gott, der sich auf Menschen einlässt und sie zu Verbündeten macht; ein Gott, der nicht philosophisch-abstrakt »da« ist, indem er einfach vor sich hin existiert, sondern der »da« ist in der Zuwendung zu seinem Volk. »Ich bin da« – JHWH – ist kein Existenz-, sondern ein Beziehungsname; ein Name, der Zuspruch und Anspruch zugleich bedeutet, denn wer für jemanden da ist in lebendiger Beziehung, der liebt und will geliebt werden, der gibt und fordert zugleich, will nicht benutzt, sondern ernst genommen werden. Er ist ein liebender, Freiheit schenkender Gott, aber Gleichgültigkeit und Ungerechtigkeit sind ihm zuwider.

Der Auszug aus Ägypten ist das Ursprungsereignis in der Geschichte Israels: JHWH und Freiheit hängen für Israel ganz eng zusammen. Glauben ist deshalb keine Sache der Notwendigkeit, sondern der Freiheit. Nicht umsonst ist der Gottesberg Horeb auch der Berg des Bundes, der Berg der Zehn Gebote (Exodus 20; Deuteronomium 5). Freiheit zu schenken ist Sache Gottes, Freiheit zu schützen und zu bewahren ist Sache der Menschen. Durch das Halten der Gebote bewahrt Israel die Freiheit, die von Gott geschenkt ist. Eine Beziehung, die auf Freiheit beruht, kann niemals einseitig sein; geschenkte Freiheit ist eine Herausforderung zu verantwortungsvollem Handeln. Wer geliebt ist, kann nicht anders, als in Liebe zu leben. Liebe, in geschenkter Freiheit ermöglicht, bringt stets das Größere hervor. Dieser Gott, der Gott der liebenden Freiheit, die in lebendiger Beziehung verantwortlich handelt, ist der Gott, der in der Fülle der Zeit seinen Sohn gesandt hat, mit dem uns alles geschenkt ist. Zu diesem Gott du sagen zu dürfen, mit ihm in liebender Beziehung zu stehen, in Freiheit und auf Augenhöhe, ist ein beinahe unglaubliches Geschenk, eine unerhörte Gnade. Aber auf diesen Gott kann ich wirklich hören, und zu diesem Gott kann ich wirklich beten – im Unterschied zu allen abstrakten, dämonischen oder brauchbaren Götzen, mit denen er leicht verwechselt wird, wenn die Gottesbeziehung nicht stimmig ist. Eine Gottesbeziehung, die immer Geschenk ist, für die man aber auch etwas tun kann: mit ihm im Gespräch bleiben.

Eine Liebeserklärung

Du bist da,
wenn ich dich suche,
du bist da
und findest mich.

Du bist das Wort,
wenn ich verstumme,
du bist ganz Ohr
für meinen Ruf.

Du kannst mich führen,
kennst meinen Weg,
du lässt mich gehen
zur Freiheit hin.

Du bist das Leben,
du liebst in mir,
du bist mein Leben:
einfach du.

Christen beten anders

Vielen Menschen fällt es schwer, Gott als persönliches Gegenüber, als Du anzuerkennen und anzusprechen. Wir leben in einer Zeit der »religionsfreundlichen Gottlosigkeit« (J. B. Metz): Religion als Wellness für die Seele ist höchst willkommen, als kompensatorisches Freizeiterlebnis zum Ausgleich einer immer kälter werdenden Welt, die an Konsum, Technik und Gewinnmaximierung ausgerichtet ist. Wurde der Name Gottes über lange Zeit von den Mächtigen in Gesellschaft und Kirche herrschaftlich missbraucht, wurde seine Liebe durch dunkle Bilder und erzieherische Maßnahmen entstellt, waren die kämpferischen Atheismen vielleicht Antworten auf eine Religion, die alles andere als Freiheit ausstrahlte, so kommt Religion heute scheinbar ganz ohne diesen Namen aus: Der Gott Abrahams, Isaaks und Jakobs, der auch der Gott Jesu Christi ist, hat in esoterischer Seelenverzauberung und inhaltsleeren wie orientierungslosen Egotrips keinen Platz.

Wie komme ich wieder neu zum Glauben an den Gott, der mich zuerst geliebt hat und zu dem ich du sagen kann, zum Glauben an den Gott der Bibel? Denn nur in diesem Glauben kann ich wirklich beten. Mir hat dabei eine ganz neue Beziehung zu Jesus Christus geholfen, eine Beziehung, die mir gezeigt hat, was es bedeutet, Kind Gottes zu sein. Und eine Unterscheidung, die manche verblüfft und viele provoziert, die aber das entscheidend Christliche auf den Punkt bringt: die Unterscheidung zwischen Religion und Glauben.

Ich bete zu Gott, dem Vater, als sein geliebtes Kind – ganz eng an der Seite Jesu Christi, mit ihm zusammen, durch ihn und in ihm.

Das Gebet ist der erste Ausdruck des Glaubens – in allen Religionen. Der Mensch wendet sich seinem Gott zu, mal naiv und magisch, mal aufgeklärt und mystisch. Und doch beten Christen anders: Denn Gott hat sich den Menschen zugewandt. Der Mensch antwortet auf diese freie Initiative Gottes, indem er glaubt, betet und handelt. Nicht der Mensch macht sich auf zu Gott, sondern Gott macht sich auf zum Menschen. Das ist der entscheidende Unterschied auch im Gebet.

»Wie komme ich zu Gott? Wie kann ich den Berg erklimmen, auf dem ›er‹ thront?« Das ist die uralte Frage aller Religionen. Es geht darum, was ich tun muss, um »Gott« irgendwie dingfest, brauchbar und nützlich zu machen. Als Antwort bot sich den Menschen über Jahrtausende das Opfer an. Etwas Wichtiges wurde »den Göttern« geopfert, damit sie einem gnädig seien; man handelte mit ihnen: Menschenopfer gegen Weltgleichgewicht, Tieropfer gegen Sündenvergebung, Naturgaben gegen Fruchtbarkeit und reiche Ernten, Gebete und gute Taten gegen Gesundheit und Wohlergehen; neuerdings bestimmte Meditations- und Entspannungstechniken gegen Glücksgefühl und Ausgleich vom Stress – kurz: religiöse Leistung gegen persönlichen Profit. Ein Kapitalismus ist das, in dem der, der mehr geben kann, mehr herausbekommt und über denen steht, die nicht so reich an Opfern, Gebeten und guten Taten sind; eine Frömmigkeit, die sich in

Glück und Segen auszahlt. Dieser Kapitalismus sitzt noch heute in vielen Seelen und verbreitet religiöse Angst und religiöse Arroganz zugleich, je nachdem, ob man zu »denen da unten« oder zu »denen da oben« gehört.

Und er hat verheerende Auswirkungen auf das Gottesbild: Ein Gott, mit dem man handeln muss, ist nicht wirklich Gott; er ist nicht liebend und frei, sondern ein von Menschen abhängiger Buchhalter von Opfern und Taten, ein mickriger Glücksautomat für menschliche Wünsche und Bedürfnisse, ein alberner Hanswurst, der nicht agieren, sondern nur reagieren kann und vor dem man ständig Angst haben muss, nicht genug »eingezahlt« zu haben.

Wie ich zu Gott komme, ist für das Christentum keine Frage mehr, denn in Christus ist Gott zu mir gekommen. Ich muss den »Berg« nicht mehr erklimmen, auf dem er thront, weil er in der Menschwerdung Jesu Christi selbst heruntergekommen ist, um mich in Liebe anzunehmen und zu erlösen. Der »Berg der Religion« – Gott selbst hat den Abstieg gewagt in der Menschwerdung seines Sohnes, und in seinem Tod und seiner Auferstehung ist dieser Berg endgültig gesprengt worden, ein für alle Mal. Ich muss den Vorhang, der das Geheimnis Gottes verhüllt, nicht mehr durch eigenes Wissen und Tun zu lüften versuchen, weil er längst heruntergerissen ist durch Gottes Selbstoffenbarung in Jesus Christus. Ich muss ihm nichts opfern, nichts schenken; meine Gebete und guten Taten sind keine Bedingung für seine Liebe, sondern ich selbst bin eine Antwort darauf: Ich gebe dann nicht etwas, um etwas anderes herauszubekommen, sondern ich empfange Jesus Christus, um mich selbst zu geben, zu verschenken. »Der Glaube kommt vom Hören«, sagt der Apostel Paulus (Römer 10,17): Glauben hat also mit Empfangen und Weitergeben, nicht mit Produzieren und Belohnen zu tun. Für religiösen Kapitalismus und Leistungsdruck ist im Christentum kein Platz mehr, weil wir alle in Christus als Kinder Gottes, als Schwestern und Brüder bedingungslos und leistungsfrei angenommen sind. Das bedeutet nicht, untätig zu sein: Der Anspruch der Liebe ist immer größer als der Handel mit dem, was sich bezahlt macht; die Liebe bringt stets Größeres hervor als Berechnung, Schuldigkeit und Pflicht.

Das Ende der Religion

Jesus ist das Ende der Religion und der Anfang des Glaubens (Römer 10,4; Galater 5,1). Selbstverständlich ist das Christentum soziologisch gesehen eine der großen Weltreligionen. Es geht ja, bei aller Unterschiedlichkeit, um Göttliches oder um Gott (aber nicht immer um denselben), und es gibt in vielen Religionen die Mystik als ein Umfangenwerden vom Göttlichen. Aber theologisch gesehen ist Glaube das Ende der langen, schweren und doch vergeblichen Suche nach Gott, die man als Religion bezeichnen kann. Das hat nichts mit christlichem Hochmut oder der Abwertung anderer Religionen zu tun. Vielmehr geht es um eine Klarstellung des Christlichen. Wen der Begriff Religion dabei stört, der kann auch von Aberglauben, Fehlform des Glaubens oder von Zauber und Magie sprechen und sie dem Glauben an den Gott und Vater

Jesu Christi gegenüberstellen. »Religion ist Unglaube« (Karl Barth), weil sie ein Machwerk von Menschen ist, sich Gott gefügig zu machen, anstatt sich lieben zu lassen und zu lieben.

Für das Gebet ist die Unterscheidung zwischen Religion und Glauben sehr hilfreich. Denn Religion (religio = Rückbindung) war ursprünglich die pflichtgemäße Unterwerfung unter den antiken Staatskult. Die dazugehörigen Opfer dienten dazu, die Loyalität mit dem Staat, mit dem »göttlichen« Kaiser zum Ausdruck zu bringen. Die frühen Christen lehnten diesen Staatskult ab; sie galten als Atheisten, weil sie dem Kaiser nicht opferten. Religion ist also funktional zweckorientiert, Glaube ist personal beziehungsorientiert. In der Religion geht es um Pflicht, im Glauben geht es um Liebe, per du mit dem Gott Jesu Christi.

In der Religion zählt, was der Mensch tut, um das Göttliche gnädig zu stimmen: Leistung, gute Taten, Opfer. Im Glauben antwortet der Mensch auf das, was Gott an ihm tut: Erlösung, Gnade, Hingabe. Und er antwortet darauf mit einem Leben aus dem Glauben. Die Religion fordert: »Rette deine Seele«, Glaube befreit: »Du bist erlöst.«

Religionen sperren ihre Götter in Tempel ein und machen Kult, also menschliches Tun, um mit »Gott« zu handeln. Der christliche Gottesdienst ist nicht Kult, sondern Liturgie: Wir feiern, dass Gott an uns gehandelt hat und was uns durch Christus längst geschenkt ist: Erlösung. Dabei ist der religiöse Kult immer magisch, weil er von »Gott« etwas erzwingen will, und die christliche Liturgie immer sakramental, weil sie auf der Ebene von Zeichen eine personale Beziehung zum Ausdruck bringt: Es geht um Dialog, nicht um magische Beschwörung; es geht um Gottes Dienst an den Menschen, die ihm dienen in der Welt, und nicht darum, sich Gott zu Diensten zu machen.

Nah und fern

Die Götter der Religionen
sind unendlich fern.
Der Gott Jesu Christi
ist unendlich nah.

Die Götter sind
unerreichbar weit weg.
Der Gott Jesu Christi
ist unerreicht nah.

Und was bedeutet Erlösung? Der Apostel Paulus sagt, dass wir durch Tod und Auferstehung Jesu Christi vor Gott gerechtfertigt sind (Römer 3,21–26; Galater 2,16; 5,5–6). Das heißt, dass wir keine Sorge darum haben müssen, wie wir vor Gott dastehen. Ich muss mich nicht vor ihm rechtfertigen, mich bei ihm nicht selbst beliebt machen, sondern bin von ihm aus Liebe gerechtfertigt, nicht durch Leistung; ich habe Ansehen, weil es mich gibt, und nicht, weil ich gut und fromm bin: Gott sieht mich, wie er Christus sieht. Er selbst hat mich befreit von der Last der Religion (Matthäus 11,25–30), von der alten Angst, nicht zu genügen oder mir meine Ewigkeit selbst verdienen zu müssen. Der religiöse Mensch will sich vor »Gott« irgendwie absichern, der gläubige vertraut darauf, dass ihm in Jesus Christus allein die letzte Sicherheit längst geschenkt ist, und zwar nicht, weil er es verdient hätte, sondern einfach so, aus Liebe. Ich muss also nichts dafür tun, dass Gott mich lieben kann (was wäre das auch für ein »Gott«?); aber wenn ich es begriffen habe, dann werde ich anders glauben, beten, handeln. Mit einem Wort: Wir kommen wirklich »alle in den Himmel«, wie der bekannte Karnevalsschlager meint, aber nicht, »weil wir so brav sind« – das sind wir nämlich nicht –, sondern weil Jesus Christus unser Erlöser und Heiland ist. Wer seinen Glauben ganz und gar an diesem Christus festmacht, der ist in diesem Sinne gläubig, erlöst und befreit. Christsein bedeutet, sich um Christi willen von Gott lieben zu lassen, nicht mehr und nicht weniger.

Glauben ist Empfangen

Der religiöse Mensch
sucht unablässig das Göttliche
und findet doch nur
eine Projektion menschlicher Wünsche.

Der gläubige Christ
lässt sich von Gott finden
und begegnet in Christus
seinem menschennahen Vater.

Der Religiöse redet unablässig
und handelt ängstlich mit »Gott«,
der Gläubige hört den Vater Jesu sprechen
und handelt in seinem Namen.

Der eine opfert, der andere gibt sich hin.
Der eine strengt sich an, der andere liebt.
Der eine ist ein Sklave, der andere ist frei.
Die Liebe tut stets das Größere.

Auch im Christentum gibt es dennoch viele, die sind eher religiös als gläubig. Ihr »Glaube« ist eine mit christlichen Ritualen ummantelte Naturreligion. Denn sie meinen immer noch, Gott gnädig stimmen zu müssen durch fromme Pflichterfüllung. Immer haben sie ein schlechtes Gewissen, bleiben ständig ungenügend, können Gnade und Vergebung nicht annehmen und bleiben zeitlebens ängstlich um ihr Leben besorgt. Immerzu hadern sie mit ihrem Schicksal und vermuten dahinter eine prüfende oder sogar strafende Macht. Sie glauben an ein allmächtiges Wesen, an einen Naturgott, der sich mit den Mächtigen arrangiert, nicht aber an den Gott Jesu Christi, der seine Allmacht in Güte und Liebe, ja in der Ohnmacht des Kreuzes offenbart. Die eigene Nationalität, die eigene Familie und das eigene Glück sind für sie eher Gegenstand religiösen Handelns als die universale Nächstenliebe des Glaubens. Ihre natürliche Religion ist wie eine Ideologie auf ihr Leben draufgesetzt, ohne es wirklich durch und durch menschlich zu prägen. Ständig fragen sie: »Was habe ich davon, was kriege ich dafür?«, weil ihre Religion wenig mit liebender Beziehung zu tun hat, sondern sich direkt bezahlt machen muss. Wenn es besonders ernst, gefühlvoll oder feierlich zugehen soll, dann sondern sie mitunter Frömmigkeit ab wie ein stinkendes Sekret, das gar nicht zum Leben gehört. Wenn sie ein geistliches Amt haben (und es gibt Amtsträger, auch Priester und Bischöfe, die ihrem Kinderglauben, also ihrer naiv-magischen Religiosität, trotz ihres Theologiestudiums nicht entwachsen sind), pochen sie auf ihre Andersartigkeit und Vollmacht und gebärden sich damit eher wie naturreligiöse Schamanen, magische Zauberer und autoritäre Chefs, nicht aber wie Repräsentanten Christi und der kirchlichen Gemeinschaft: Klerikalismus ist Schamanismus.

Religion ist ein natürliches Bedürfnis, denn jeder Mensch sehnt sich nach Transzendenz. Glaube jedoch ist übernatürliche Offenbarung: Dass Gottes Sohn Mensch wird und uns durch Tod und Auferstehung erlöst, kann sich niemand ausdenken, danach kann sich niemand sehnen, es ist und bleibt das absolut unwahrscheinliche Geschenk. Die der Religion ständig innewohnende Angst, nicht zu genügen, ist in Christus überwunden, er ist der Weg zu Gott. Zwar muss ich religiös sein, um gläubig werden zu können: Auf meine natürliche Sehnsucht nach Gott antwortet er mit seinem Sohn, damit ich mit meinem Leben antworten kann auf ihn. Diese natürliche Sehnsucht ist ja auch schon ein Geschenk des schöpferischen Gottes (Karl Rahner nennt sie »das übernatürliche Existential«). Aber ich darf nicht in der Religion stecken bleiben, wenn ich die Liebe begreifen will, die mir geschenkt ist; meine »natürliche« Sehnsucht möchte in Christus »kultiviert« werden, ein Ziel und eine Erlösung finden. Mit einem Wort: Mein Glaube muss aus den Kinderschuhen des Religiösen herauswachsen, hinein in eine lebendige Beziehung zu Jesus Christus. Sonst lerne ich das Beten nie.

Der Abbruch der volkskirchlichen Tradition mit ihrer Unterschiedslosigkeit von anständigen Bürgern und braven Christen, mit ihren erzieherischen Gottesbildern und ihrer behaglichen Christentümlichkeit, hat sicherlich auch damit zu tun, dass diese Volkskirche, obwohl gesellschaftlich sehr erfolgreich und mit großer Breitenwirkung, außer in ihren mystisch-spirituellen Eliten über eine nützlich-magische Leistungs- und Naturreligion zu allermeist nicht hinausgekommen ist. Der Abbruch fragloser traditioneller Folklore kann Aufbruch bedeuten, Chance für einen Glauben ganz von Christus her: für religionsloses statt religiöses Christentum. Nach der institutionell-kirchlichen Breitenwirkung ist jetzt wohl die existenziell-christliche Tiefendimension dran, die Neuentdeckung Jesu Christi für Glauben, Gebet und Kirche (als Gemeinschaft der Nachfolgerinnen und Nachfolger Jesu, nicht als Institution).

Das kommt in einer biblischen Geschichte gut zum Ausdruck. Ich nenne sie gerne das Evangelium vom pastoralen Realismus Jesu, weil die Relation »neun zu eins« im Verhältnis von Religion und Glauben, von Pflicht und Liebe, von alter Angst und neuer Freiheit ziemlich realistisch ist:

Und es geschah auf dem Weg nach Jerusalem: Jesus zog durch das Grenzgebiet von Samarien und Galiläa. Als er in ein Dorf hineingehen wollte, kamen ihm zehn Aussätzige entgegen. Sie blieben in der Ferne stehen und riefen: Jesus, Meister, hab Erbarmen mit uns! Als er sie sah, sagte er zu ihnen: Geht, zeigt euch den Priestern! Und es geschah, während sie hingingen, wurden sie rein. Einer von ihnen aber kehrte um, als er sah, dass er geheilt war; und er lobte Gott mit lauter Stimme. Er warf sich vor den Füßen Jesu auf das Angesicht und dankte ihm. Dieser Mann war ein Samariter. Da sagte

Jesus: Sind nicht zehn rein geworden? Wo sind die neun? Ist denn keiner umgekehrt, um Gott zu ehren, außer diesem Fremden? Und er sagte zu ihm: Steh auf und geh! Dein Glaube hat dich gerettet.
(Lukas 17,11–19)

Diese Geschichte wird oft moralisch gedeutet: Neun sind böse und undankbar, nur einer ist anständig genug und dankt Jesus. Dabei wird vergessen, dass ja alle zehn gesund geworden sind, keiner wird wieder krank. Sie haben also alle eine gute Erfahrung gemacht. Der Unterschied ist vielmehr: Die neun sind religiös – sie tun ihre Pflicht, erfüllen die gegebenen Vorschriften, zeigen sich den Priestern, bekommen, was sie wollen, und sind verschwunden. Der eine wird gläubig – als Geheilter kehrt er sofort um, dankt Jesus und nimmt eine Beziehung zu ihm an und auf. Die Liebe ist ihm wichtiger als die religiöse Pflicht. Die neun sind gesund, der eine ist heil geworden.

Nicht nur religiös, sondern gläubig

Als Christin und als Christ zu beten heißt:
Mit beiden Beinen auf dem Boden stehen
und mit ganzem Herzen bei Gott sein.

Es gibt einen wichtigen Unterschied
zwischen Religion und Glauben:
Der religiöse Mensch will seinem Gott etwas geben,
damit er etwas zurückbekommt.
Der gläubige Christ vertraut darauf,
dass ihm mit Christus bereits alles geschenkt ist.
Der eine will etwas haben von Gott,
der andere will jemand sein vor ihm.

Der religiöse Mensch will Segen und Glück,
Gesundheit und langes Leben.
Dafür ist ihm kein Ritual zu lang
und kein Opfer zu viel.
Er will seinen Gott gebrauchen,
seine Religion soll nützlich sein.
Der gläubige Christ weiß,
dass er von Gott gesegnet ist;
Gesundheit, Glück und Leben
kommen aus seiner Hand.
Deshalb dankt er zuerst für Gottes Liebe
und fragt nach seinem Willen.

Er vertraut dem Vater Jesu Christi,
sein Glaube ist eine Haltung.

Als Kinder bitten wir um ein Wunder.
Als Erwachsene arbeiten wir mit
am Aufbau des Reiches Gottes.
Nicht kindisch, sondern kindlich
vertrauen die Christen.
Ihre Hoffnung aber ist erwachsen.

Not lehrt Beten, sagt der Volksmund.
Aber das stimmt nicht.
Not lehrt nicht Beten,
sondern allerhöchstens Betteln.
Wenn man gar nicht mehr weiter weiß,
dann bettelt man beim Allerhöchsten.

Ein reifer Glaube ist das nicht.
Es ist vielleicht ein Anfang.
Es ist Religion: unerwachsen, kindisch,
auf Nützlichkeit bedacht.
Ein reifer Glaube will nicht,
dass Gott die Naturgesetze aufhebt
oder wunderbar ins Weltgeschehen eingreift.
Ein reifer Glaube hilft, das Leben zu bestehen,
hier und jetzt in dieser Welt.
Gebet bedeutet dann Beziehung,
Lebenssinn, Solidarität.

Ein Kind bittet: »Lieber Gott,
mach, dass es morgen nicht regnet.«
Ein Erwachsener betet: »Lebendiger Gott,
gib uns Kraft für einen guten Tag.«
Ein Kind bittet: »Lieber Gott,
bring uns sicher nach Hause.«
Ein Erwachsener betet: »Heiliger Gott,
begleite uns mit dem Geist der Aufmerksamkeit.«
Ein religiöser Mensch fragt:
»Warum hast du das nur zugelassen, Gott?«
Ein gläubiger Christ vertraut:
»Mit dir werde ich mein Leben bestehen,
komme, was kommt.«

Als Kinder beten wir zum »lieben Gott«.
Als Erwachsene merken wir,
dass uns Gott in dieses Leben stellt.
Als Christen vertrauen wir so,
als ob alles von Gott abhinge.
Aber wir handeln so,
als ob alles von uns selbst abhinge.

Die Entscheidung für Christus
ist uns wichtiger als das religiöse Gefühl.
Wir wollen nicht nur fromm tun, ab und zu,
sondern Christen werden, immer neu.

Wie Jesus betet

Ich glaube Jesus seinen Gott. Das klingt wie falsches Deutsch, ist es aber nicht. Es klingt so, als sei der Dativ tatsächlich »dem Genitiv sein Tod« (Bastian Sick). Ich meine aber Jesus im Dativ: Ich glaube ihm – Jesus – seinen Gott. Ich glaube, dass Gott so ist, wie Jesus ihn gezeigt hat. Und wenn das Gebet der erste Ausdruck des Glaubens ist und wenn Jesus derjenige ist, der einen befreiten Glauben erst möglich gemacht hat – ohne diese naturreligiöse Angst –, dann kann ich am Beten Jesu lernen, wie Beten geht.

Auch Jesus musste glauben lernen. Er ging durch die Schule seiner jüdischen Tradition. Darin fand er einen reichen Schatz an Gebeten, an Weisheit, an guten Gedanken von Gott. In einem jedoch ging er in seiner Gotteserfahrung über das Gelernte hinaus: In der unmittelbaren Beziehung zu seinem Gott, den er von jetzt an Vater nennt, ja, noch mehr: Abba, lieber Vater, oder besser übersetzt: Papa (Markus 14,36). Die Abba-Anrede Gottes muss noch in der Urkirche so wichtig gewesen sein, dass Paulus sie unübersetzt auf Aramäisch weitergibt (Römer 8,15; Galater 4,6). Eine enge, faszinierende, intime Beziehung zu Gott, gelebt mit einer großen inneren Freiheit. In dieser freien geschenkten Gottesbeziehung leben auch wir – als Kinder Gottes, als Schwestern und Brüder Jesu Christi.

Was es bedeutet, Kind zu sein, mache ich mir manchmal so bewusst: Eltern wissen von ihrem neugeborenen Kind nur wenig. Sie wissen, ob es ein Mädchen oder ein Junge ist, ob es gesund ist oder nicht. Sie wissen, dass es ab und zu die Windeln vollmacht und regelmäßig Hunger hat. Und dass es irgendwann, nach einem hoffentlich erfüllten Leben, sterben wird. Ziemlich wenig wissen die Eltern von ihrem Kind, und doch lieben sie es über alles. Kindsein bedeutet: geliebt sein um meiner selbst willen, angenommen sein, weil es mich gibt, ohne Bedingung und ohne Vorleistung. Kind Gottes sein bedeutet eben dieses: geliebt sein um meiner selbst willen, angenommen sein, weil es mich gibt, ohne Bedingung und ohne Vorleistung. Gott liebt mich über alles. Er liebt mich weit mehr, als Eltern das können: Er gibt sich selbst, sein Leben, er gibt seinen Sohn für mich. Wie sollte ich da nicht glücklich, angstfrei, in aller Freiheit, engagiert und selbstvergessen leben?

Der Apostel Paulus spricht vom Kindsein im Bild vom Erbe. Ein Erbe bekommt alles umsonst geschenkt, wenn er ein Verwandter ersten Grades ist. Er muss nichts dafür tun, es gehört ihm alles schon, einfach weil er Kind ist. »Sind wir aber Kinder, dann auch Erben; wir sind Erben Gottes und Miterben Christi, wenn wir mit ihm leiden, um mit ihm auch verherrlicht zu werden« (Römer 8,17). Ich bin und bleibe Kind Gottes, Erbe Gottes mit Christus; ich habe beim Vater dieselbe Stellung und dasselbe Ansehen wie sein Sohn Jesus Christus – in aller Konsequenz. Deshalb bete ich als Christ immer im Namen Jesu.

Jesus selbst zieht sich immer wieder zurück, wenn er betet, oft nächtelang. Er betet und lehrt seine Jünger das Beten. Er betet still und frei, kennt aber auch den Gebetsschatz seines Volkes. Noch am Kreuz betet er Psalm 22, um sich in schwerstem Leid mit bekannten Worten seinem Vater anzuvertrauen: Beten ist auch für Jesus Vertrauensarbeit.

Einmalig ist dabei seine unverwechselbare, geradezu intime Beziehung zu seinem Abba-Vater. Und seine Solidarität mit den Jüngern. Zwar ist das sogenannte Abschiedsgebet des Herrn (das »Hohepriesterliche Gebet«, Johannes 17) eine theologische Komposition, aber die Haltung, mit der Jesus hier für seine Jünger zum Vater betet, spricht für sich – und für ihn.

Beten im Namen Jesu

Gott hat seinen Sohn gesandt, Jesus Messias, den Bruder der Menschen. In seiner Auferstehung hat Gott ihn erhöht zum Herrn über Himmel und Erde. So ist Jesus unser Bruder und Herr zugleich. Christen beten deshalb *durch* Christus und *mit* ihm und *in* ihm zum Abba-Vater. Christen beten *durch* ihn, weil Christus unsere Gebete mitnimmt zum Vater. Sie beten *mit* ihm, weil er ihnen zur Seite steht, mitbetet mit ihnen; er macht ihre Not zur Sorge Gottes. Sie beten *in* ihm, weil sie als sein Leib und seine Kirche, in seiner menschlichen Gestalt, zusammengefügt in seinem Geist vor dem Vater stehen.

Christliches Beten geschieht in Gott, weil Jesus Christus der Mittler ist und weil die Gemeinde im Heiligen Geist versammelt ist. Wegen dieser unmittelbaren Verbundenheit durch, mit und in Christus sind sich Christen bewusst, dass Gott, der Vater, ihre Gebete hört; wie könnte er auch an

seinen Kindern, an den Geschwistern seines Sohnes vorbei-
sehen, ihre Anliegen und Bitten überhören? So bete ich im
Vertrauen. Immer jedoch gilt: »Nicht mein, sondern dein
Wille geschehe« (Lukas 22,42).

Gebet zum Vater

Vater im Himmel,
durch unseren Herrn Jesus Christus,
mit ihm und in ihm beten wir,
hören wir dich und sprechen zu dir.

Ihm glauben wir dich, seinen Vater.
Er macht unsere Not zu deiner Sorge,
hört, was wir beten, stellt sich vor uns,
spricht mit, was wir sagen.
Er ist neben uns, in uns,
und deshalb beten wir durch ihn.

Er ist dein Geschenk für uns,
unser Weg zu dir,
Mittler der Befreiung,
Ende aller Angst,
Anfang des Glaubens.

Menschen sind wir wie er,
tragen als Christen seinen Namen,
sehen die Welt mit seinen Augen,
lieben die Menschen mit seiner Zuwendung,
sprechen zu dir mit seinen Worten,
nennen dich Vater um seinetwillen,
feiern dich mit seinen Zeichen,
bitten mit ihm, dass dein Wille geschieht
und vertrauen dir ganz mit seinem Glauben.

Und du, Vater, nimmst uns an wie Christus.
Und wir, Vater, dürfen uns sehen,
wie du uns in Christus siehst.
Unfassbar ist dieses Geheimnis.
So danken wir dir und beten dich an.

Beziehung im Heiligen Geist

Es gibt bereits im Neuen Testament einige Gebetsschulen (Matthäus 6,5–15; 7,7–11; Lukas 11,5–13). Jesus fordert seine Jünger auf, zu beten in seinem Namen, Gott jede Bitte offen und vertrauensvoll zu sagen (Matthäus 18,19; Johannes 14,13–14; 15,7.16.24) und dabei gewiss zu sein, dass Gott hört und erhört um Jesu und der Gemeinschaft der Jünger willen.

Sogar das schier Unmögliche scheint möglich zu werden: Mit dem Glauben Berge zu versetzen (Markus 11,12–25; Matthäus 21,18–22). Hier geht es aber nicht um Zauberkraft, sondern um die Einladung zu glauben. Jesus hält seinen Vater nicht für einen wundertätigen Wünscheerfüller, den man benutzen kann, sondern für einen Gott, dem man vertrauen darf; einen Gott, der nicht bloß Bitten erfüllt, sondern erfüllende Beziehung schenkt.

Es ist wie mit einem Kind, das zu Weihnachten einen langen Wunschzettel schreibt. All die vielen Wünsche sind detailgetreu aufgelistet. Die Eltern lesen den Zettel, aber weil sie sehr arm sind, sagen sie zu ihrem Kind: »Du weißt, dass wir dir deine Wünsche nicht erfüllen können. Aber wir sind doch immer bei dir und haben dich lieb. Ist das nicht viel mehr?« Und das Kind (es ist ein kluges und verständiges Kind) antwortet voller Einsicht und Freude: »Ja!«

Der lange Wunschzettel ist ein Zeichen kindlichen Vertrauens. Doch das, was die Eltern geben können, ist viel mehr: Beziehung und Liebe. Gott hört alle unsere Wünsche gern, sie sind ein Zeichen kindlichen Vertrauens. Es wäre jedoch grausam, wenn Gott auf alle menschlichen Wünsche, die ihm je entgegengebracht werden, mit genauer Erfüllung reagieren würde. Dann wäre er nur ein Automat und die Menschheit bald am Ende. Nein, Gott antwortet mit einer viel größeren Gabe: mit jener Liebe und Beziehung, die wir den Heiligen Geist nennen (Lukas 11,13).

Einen guten Freund um etwas zu bitten, ist immer ein Zeichen von Beziehung. Die Freundschaft muss sehr tiefgehend sein, denn im Bitten mache ich mich vor ihm bedürftig und klein. Gott um etwas zu bitten bedeutet letztlich immer, Beziehung zu wünschen; bedeutet vor allem: Bitten um den Heiligen Geist, die Nähe Gottes in Person, seine lebendig machende Kraft, seine schöpferisch-österliche Gegenwart mitten in der Welt. Es geht also nicht darum, Gott um »etwas« zu bitten, sondern um ihn selbst: Wir bitten Gott um Gott! Es geht nicht um Haben, sondern um Sein.

Gott ist ein Jemand, ein personales Du. Sein Sohn wird in Jesus Christus Mensch, lebt als Mensch unter uns und eröffnet durch sein Sterben und Auferstehen den Weg zu Gott zurück. Der Heilige Geist ist die noch radikalere Nähe Gottes, ist geschenkte Beziehung: Gott wird nicht nur Mensch, er wohnt im Herzen eines jeden Menschen. »Gott ist mir näher als ich mir selber bin«, meinte Meister Eckart, der deutsche Mystiker des Mittelalters. Wenn ich also im Namen Jesu bete, dann geschieht mein Gebet bereits »in« Gott: Er wohnt ja in mir, sein Mensch gewordener Sohn steht mir zur Seite und vermittelt mein Gebet; Gott-Vater hört mich, weil er sich ja immer auch selbst hört in seinem Sohn, in seinem Geist.

Und noch mehr: Nicht nur, dass mein Beten »in« Gott geschieht, Gott betet auch »in« mir! Paulus schreibt: »So nimmt sich auch der Geist unserer Schwachheit an. Denn wir wissen nicht, was wir in rechter Weise beten sollen; der Geist selber tritt jedoch für uns ein mit unaussprechlichen Seufzern« (Römer 8,26). In dieses Wort berge ich all mein Beten, weil es mir zeigt: Schon mein Glaubenwollen, mein Vertrauenwollen, mein Sein vor Gott sind Gebet, weil Gottes Heiliger Geist in mir lebt und für mich spricht.

Was Beten heißt

Der Normalfall des Betens

Menschen überfordern sich, wenn sie meinen, das Gebet müsse ganz von innen herkommen; es müsse erfüllend sein, ein ganz besonderes Erlebnis. Wer so denkt, lässt es schnell wieder bleiben. Beten ist überhaupt keine Kunst, sondern eher ein Handwerk. Ich möchte gerade das Äußere schätzen lernen, und das bedeutet: Immer zur gleichen Zeit, am selben Ort und sogar mit immer den gleichen oder gar denselben Worten beten; nicht auf Erfüllung aus sein, sondern einfach durchhalten. Und wenn es nicht gelingen will, dann nehme man sich trotzdem die Zeit und tue weiter nichts.

Ich habe mich immer schon gefragt, warum auch moderne Menschen in alten Kirchen so schnell zur Ruhe kommen. In manchen Innenstadtkirchen treffe ich erstaunlich viele Menschen, die einfach nur da sind, vielleicht sogar beten. Warum? Weil die Wände einfach so viel an Glauben, an Geschichte, an Erfahrung »atmen«, dass es von selbst anfängt, in einem zu beten. Man setzt sich einfach hinein, und schon betet es in einem. Weil Zeit und Ort stimmig sind, findet auch das Herz ein Zuhause.

Die äußere Ordnung des Betens trägt, Treue geht vor Qualität wie in jeder Beziehung. Diese äußere Ordnung ist der Normal- und Ernstfall des Betens, der den Glauben lebendig hält und den Alltag vor Banalität bewahrt. Demgegenüber ist das Stoßgebet, jedenfalls als einzige und isolierte Gebetserfahrung ohne regelmäßiges Beten, dann problematisch, wenn es Gott vor allem für Alltagsprobleme benutzt, die man vielleicht auch selbst ganz gut lösen kann.

Es gibt einige Regeln, wie man von außen nach innen beten kann:

1. *Fange klein und bescheiden an: keine allzu großen Vorsätze.*
2. *Unser Gebet braucht eine feste Zeit und einen festen Ort.*
3. *Treue ist wichtiger als Erfüllung – nur nach Lust und Laune geht es nicht.*
4. *Beten kann langweilig sein, weil es mit Lernen zu tun hat; was man noch nicht kann, fällt schwer, und wenn man es dann kann, fällt es leicht.*
5. *Eine feste Form entlastet. Gesten, Formeln und kurze Sätze soll man in- und auswendig können.*
6. *Wenn man heute nicht beten kann, darf man es für heute bleiben lassen. Weil aber das Gebet verletzlich ist und jeder anderen Beschäftigung schnell geopfert wird, soll man den Raum und die Zeit dafür frei lassen – und einfach weiter nichts tun.*

Wie gesagt: Beten ist keine Kunst, sondern eher ein Handwerk. Die äußere Form, die regelmäßige Übung geben meinem Glauben ein Dach über dem Kopf. Dass diese äußere Form, die Ordnung des Betens auch mit Gewohnheit zu tun hat, ist überhaupt kein Problem. Wichtig ist immer die Freiheit, denn ohne Freiheit ist keine Beziehung möglich. Die Ordnung trägt, auch wenn sie zur Gewohnheit geworden ist: Ich »wohne« dann in Gottes Gegenwart, bis ich »heimisch« bin in seinem Geheimnis. Gewohnheit ist alles andere als gewöhnlich oder nur äußerlich. So wie ein Gebirge die Summe von Bergen ist, so ist eine Gewohnheit die größtmögliche Gesamtheit von Wohnen und ein Geheimnis die weiteste Vorstellung von heimisch sein und Heimat haben. Je mehr ich mir das Beten zur Gewohnheit mache, desto mehr bin ich im Geheimnis Gottes zu Hause.

Erst wenn die Ordnung zwanghaft ist, wird sie abstoßend. Verliebte küssen sich hoffentlich gewohnheitsmäßig, aber niemals zwanghaft; zum Küssen gezwungen zu werden könnte sogar ziemlich widerlich sein. Wenn die Beziehung stimmt und die Freiheit steht, sind Gewohnheit und Ordnung eine große Entlastung. Nur was ich immer wieder in Freiheit tue, prägt mich von Herzen, durch und durch. Zum Glauben und Beten darf niemand gezwungen werden, aber es kann zur guten Gewohnheit werden.

Eine Ordnung, die trägt

Viele Menschen haben aufgehört zu beten. Und das, obwohl sie an Gott glauben. Vielleicht überfordern sie sich und ihr Gebet. Sie denken, ihr Gebet müsse etwas bringen, es müsse etwas dabei herauskommen. Das Gebet jedoch ist zweckfrei, aber sinnvoll, vielleicht ist es sogar zwecklos, aber schön. Es hat als Beziehungspflege seinen Wert in sich. Als Beispiel nenne ich gerne die Salbung in Betanien:

Als Jesus in Betanien im Haus Simons des Aussätzigen war, kam eine Frau mit einem Alabastergefäß voll kostbarem Salböl zu ihm, als er bei Tisch war, und goss es über sein Haupt. Die Jünger wurden unwillig, als sie das sahen, und sagten: Wozu diese Verschwendung? Man hätte das Öl teuer verkaufen und das Geld den Armen geben können. Jesus bemerkte ihren Unwillen und sagte zu ihnen: Warum lasst ihr die Frau nicht in Ruhe? Sie hat ein gutes Werk an mir getan. Denn die Armen habt ihr immer bei euch, mich aber habt ihr nicht immer. Als sie das Öl über mich goss, hat sie meinen Leib für das Begräbnis gesalbt. Amen, ich sage euch: Auf der ganzen Welt, wo dieses Evangelium verkündet wird, wird man auch erzählen, was sie getan hat, zu ihrem Gedächtnis.
(Matthäus 26,6–13)

Glaube und Gebet haben mit Beziehung zu tun – und sind damit zweckfrei und sinnvoll. »Sie hat ein gutes Werk an mir getan«, lesen wir in der Bibel. Wörtlich übersetzt heißt es: »Sie hat ein schönes Werk – *ergón kalón* – an mir getan«, und das ist etwas ganz anderes. Die Frau, die Jesus salbt, verfolgt damit keinen Zweck, sondern einen Sinn; keinen Nutzen, sondern Schönheit. Solch ein »schönes Werk« ist auch das Gebet.

Christinnen und Christen beten demnach nicht, weil es effizient ist oder weil sie damit Glück und Segen »produzieren« können. Dann käme es ja beim Beten auf Leistung an. Beten mit himmlischer Dividende ist sogar ein ganz schlimmer Aberglaube. Christinnen und Christen beten, weil sie darin ihre Beziehung zu Gott zum Ausdruck bringen, ohne genau zu wissen, was es bei Gott bewirken mag. Es geht ihnen nicht um Produktion, Zweck und Nützlichkeit, sondern um Liebe, Schönheit und Beziehung.

Wenn sich eine Familie zum Abendessen trifft, so gibt sie sich dafür auch keine Tagesordnung, es muss nichts dabei herauskommen. Nicht die Themen sind wichtig, nicht das Ergebnis, sondern dass man einfach zusammen ist (isst) und Beziehung (er)lebt. Und gerade Beziehung lebt von Äußerlichkeiten.

Das wurde mir mehr als deutlich im Gespräch mit einer Eheberaterin, die von ihren Erfahrungen berichtete: »Liebe braucht fortdauernde Pflege. Es gilt, etwas für die Liebe zu tun, damit sie lebendig bleibt. Denn von selbst wird eine Beziehung nur eines: schlechter. Liebe braucht Pflege, Liebe braucht die alltägliche Umsetzung in kleine Schritte und sichtbare Zeichen.« Und dann sprach sie von »fünf Pflegehinweisen für eine gelingende Ehe und Partnerschaft«, die sie jungen Paaren manchmal an die Hand gibt:

1. *Nehmt euch morgens zwei Minuten Zeit zum Austausch über die Frage: Was steht heute bei mir und dir an?*

2. *Lasst euch am Abend mindestens 15 Minuten Raum und Zeit, um vom Erleben des Tages zu erzählen.*

3. *Konzentriert euch fünf Minuten am Tag darauf, dem anderen etwas Positives zu sagen. Es soll fünfmal mehr Lob als Kritik geben.*

4. *Gebt einander mindestens fünf Minuten Körperkontakt.*

5. *Nehmt euch innerhalb einer Woche Zeit für ein partnerschaftliches Gespräch über anderthalb bis zwei Stunden.*

»Man soll sich dabei nicht überfordern«, meinte die Eheberaterin, »sondern klein anfangen. Mäßig, aber regelmäßig, lautet die Devise. Und dann allmählich das Programm erweitern.« In jeder Beziehung trägt gerade das Äußere. Das konnte ich bei der Eheberaterin lernen. Wenn Glauben und Beten Beziehung bedeuten, dann kann man ihre fünf Pflegehinweise direkt auf das Gebet übertragen:

1. *Ein kurzes Morgengebet –*
   aussprechen, was mich heute erwartet.

2. *Ein längeres Abendgebet –*
   den Tag vor und mit Gott reflektieren.

3. *Gott loben steht im Vordergrund –*
   vor allem Klagen und Bitten.

4. *Glaube braucht kleine und große Zeichen –*
   Symbole und Sakramente.

5. *Der Sonntagsgottesdienst.*

Gebet ist Beziehung, und Beziehung lebt von außen nach innen. Dass manche Menschen gerade beim Gebet so sehr auf Innerlichkeit setzen, sich so sehr unter Druck setzen, so sehr auf Ergebnisse aus sind, das ist der Tod einer jeden Gottesbeziehung.

Beten lernen

Man kann nur mit dem Herzen beten, wenn der Mund das Beten gelernt hat. Meine Glaubenssprache ist auf mich zugekommen. Ich muss den Glauben und das Gebet also nicht erst erfinden, sondern nur finden. Das Vaterunser zum Beispiel habe ich nicht aus Gebetbüchern gelernt, auch nicht aus der Bibel, sondern ich habe es meinen Eltern von den Lippen abgelesen. Ich stelle mich damit in eine Erfahrung hinein, die immer größer ist, als mein eigener Glaube je sein kann. Weitere Beispiele für diesen größeren Horizont sind manche alte Kirchenlieder, die ich nur noch singen, aber nicht mehr beten kann, und das Glaubensbekenntnis – da kann ich etwas Umfassendes bekennen, auch wenn ich alles gar nicht so verstehen und glauben kann, wie es da steht, weil sich Sprache und Denken seit der Antike geändert haben und die einzelnen Sätze dringend einer Übersetzung bedürfen. Das gemeinsame Glaubensbekenntnis aller Christen weltweit steht für das Größere des Glaubens, in dem ich stehen und Ruhe finden kann.

Gebete können und dürfen nicht immer neu sein. Beim gemeinschaftlichen Beten schaffen immer gleiche und daher verlässliche Worte Identität und Atmosphäre. Wenn ich mitbeten kann, gehöre ich dazu. In Krisensituationen bin ich nicht mehr kreativ. Wenn es mir die Sprache verschlägt, dann gehen die Worte aus, dann brauche ich einfache, sich wiederholende Worte, die kommen, weil sie »da« sind und wie von selbst ins Leben »einfallen«; Worte, in denen mein eigener kleiner windschiefer Glaube Geborgenheit und Halt findet. Solche Grundgebete muss ich können und kennen, auswendig und inwendig: von Herzen. Das Christentum ist ein Glaube des Wortes, da komme ich ohne ein bisschen Hirnschmalz nicht aus. Es gibt einen Gebetskanon, der sehr hilfreich sein kann, wenn man sich auf ihn einlässt.

Zu diesen Grundgebeten gehören auch und vor allem die Psalmen. Sie sind die Gebete Jesu und seines Volkes. Sie bestimmen die Tagzeitenliturgie (das Stundengebet) der Kirche. Wenn ich darin wirklich zu Hause bin, geht mir als Vorbeter niemals die Luft aus. Kaum ein anderes Gebet bringt das Leben der Menschen so deutlich in Wort und Bild wie das der Psalmen. Sie sind dabei offen und konkret zugleich, sodass jeder seine eigene Lebenssituation darin gut wiederfinden kann und aufgehoben weiß. Ich kenne viele davon auswendig. Jesus kannte und konnte sie alle.

Christen dürfen Vorbeter sein: Ein Gebet in der gemeindlichen oder gesellschaftlichen Öffentlichkeit, dazu noch ein selbstformuliertes, ist ein echtes und deutliches Glaubenszeugnis. Die Außenwahrnehmung ist sehr sensibel dafür, ob ich nur für Tradition und Institution oder auch für gelebten Glauben und Spiritualität einstehe. Man fragt dann:

»Betet er das nur herunter, oder betet er?« Wie im Glauben, so gilt auch beim Beten und Vorbeten: Anbieten ist besser als aufzwingen, Zeugnis geben ist besser als nur zu überzeugen!

Wer Gottesdienste vorbereiten darf, macht die Erfahrung, dass Gebete meistens schneller und unkomplizierter selbst zu formulieren sind, als dass lange in Büchern und im Internet nach passenden Texten gesucht wird. Das Ergebnis ist dann meistens ein Gebet, das sprachlich und situativ weitaus besser aus der Gemeinde heraus spricht als jeder ausgewählte fertige Text.

Eine gute Hilfe bei der Formulierung eigener Gebete ist die Orientierung am liturgischen Gebet der Kirche. In der Liturgie beten wir immer zum Vater durch Christus im Heiligen Geist. Christus, unser Bruder, steht uns zur Seite; er nimmt unsere Freuden und Sorgen gleichsam mit zum Vater, er »vermittelt« sie. Deshalb schließt jedes liturgische Gebet so: »durch Christus, unseren Herrn«. Und weil es ein und derselbe Heilige Geist ist, der uns in Taufe und Firmung zugesagt wird und der als lebendige Liebe in Gott selber lebt, dürfen wir sicher sein, dass der Dreieinige Gott unser Beten zugleich ermöglicht (Geist), vermittelt (Sohn) und erhört (Vater). *Gott, der Vater,* der alles in allem ist, erhört *durch seinen Sohn Jesus Christus,* den Gott-mit-uns, den Erlöser und Heiland, das, was wir *im Heiligen Geist,* dem Gott-in-uns, beten. Was wir beten, kommt beim Vater an – durch Christus im Heiligen Geist. Es geschieht ja bereits *in Gott!*

Die liturgische Form, die beim eigenen Beten und Vorbeten helfen kann, ist ganz einfach: »Anrede – Dank – Bitte –

Schluss«. Diese aus guten Briefen bekannte Struktur ist leicht zu merken, und sie bewahrt mich davor, Gott nur mit Bitten und Wünschen zu überhäufen, ohne ihn zu loben, zu preisen und ihm erst einmal zu danken; sie bewahrt mich davor, ihn nur zu gebrauchen, ohne ihn auch zu lieben und ihm das zu sagen.

Anrede: Wie möchte ich Gott ansprechen? In welchen Bildern möchte ich ihn mir vorstellen, mich vor ihn stellen? Gott hat sicher mehr als tausend Namen. Welche Anrede trifft jetzt am ehesten? Da ist vieles möglich, denn Gott ist barmherzig, gütig, liebevoll und heilig. Nur eine Anrede ist – außer vielleicht beim Beten mit Kindern – nicht sinnvoll: »Lieber Gott!« Denn so einfach und lieb ist das Leben nicht, so bürgerlich lieb und brav ist auch Gott nicht zu haben. Möglich wäre allerdings eine andere Schreibweise: »Der Liebe Gott«, also der Gott der Liebe und nicht bloß »der liebe Gott«.

Dank: Das kann bedeuten: Danken für das, was ist, und für das, was war; auch Schrei und Klage sind erlaubt; zum Ausdruck bringen, wer ich vor Gott bin.

Bitte: Jetzt erst kommt mein Gebetsanliegen, meine und unsere Bedürftigkeit zur Sprache. Bitte, das kann ein Blick in die Zukunft sein; eine Hoffnung, eine Frage.

Schluss: Der übliche Gebetsschluss lautet »durch Christus, unseren Herrn«. Ich mache mir bewusst, dass Gott mein Beten wirklich hört. Betend bin ich hineingenommen in das Geheimnis und die Lebendigkeit des Dreieinigen Gottes.

Wem eine Struktur eher hinderlich ist, als dass sie ihm hilft, der kommt aber auch ganz gut ohne aus. Das Herz, das sich zu Gott erhebt, braucht Freiheit, Fantasie, Liebe. Wer es trotzdem einmal mit dieser Form »Anrede – Dank – Bitte – Schluss« probieren möchte, kann am besten mit einfachen und kurzen Tischgebeten beginnen. Frei formulierte Tischgebete sind ein guter Anfang und ein echtes Glaubenszeugnis mitten im Alltag.

Loben, bitten, danken, klagen

Loben ist Beten in Hochform. Gott loben heißt: ihm absichtslos zustimmen, einstimmen in das große Ja Gottes zum Leben. Anbetung, Lobpreis, Segen: Wer lobt, wendet sich dem Licht Gottes zu, selbst wenn er sein Leben im Schatten erlebt; wer Gott lobt, will nichts außer sich freuen an ihm. Viele Psalmen, Kirchenlieder und liturgische Texte sind Lobgebete. Wenn ich Gott lobe, benutze ich ihn nicht für meine privaten Wünsche und ich mache mich vor ihm auch nicht klein. Loben ist Beten von Angesicht zu Angesicht, auf Augenhöhe mit Gott. Wer Gott lobt, findet für ihn immer neue, fast überschwängliche Worte – wie in der Liebe.

Halleluja! Lobt Gott in seinem Heiligtum, lobt ihn in seiner mächtigen Feste! Lobt ihn wegen seiner machtvollen Taten, lobt ihn nach der Fülle seiner Größe! Lobt ihn mit dem Schall des Widderhorns, lobt ihn mit Harfe und Leier! Lobt ihn mit Trommel und Reigentanz, lobt ihn mit Saiten und Flöte! Lobt ihn mit tönenden Zimbeln, lobt ihn mit schallenden Zimbeln! Alles, was atmet, lobe den HERRN. Halleluja!
(Psalm 150)

Papst Franziskus hat im ersten Corona-Lockdown im März 2020 dazu aufgerufen, an einem bestimmten Tag um zwölf Uhr ein Vaterunser zu beten. Wegen Corona. In den »Tagen der Prüfung« sollten wir »unsere Stimmen zum Himmel vereinen«, so der Papst. Und am Freitag darauf gab es den weltumspannenden Segen »Urbi et orbi« mit vollkommenem Ablass. Das volle katholische Programm, um den Himmel zu bestürmen? Auf jeden Fall ist es eine Möglichkeit, im Glauben Solidarität zu zeigen.

Das Bittgebet ist das einfachste und zugleich schwierigste Gebet. Es ist einfach, weil ich genau weiß, was mir fehlt. Es ist schwierig, weil ich Gott nicht zum Lückenbüßer, zum Erfüllungsgehilfen meiner privaten Interessen machen darf. Im antiken Theater gab es einen, der hatte »Gott« zu spielen, wenn eine Situation unlösbar schien; dieser »Gott« kam überraschend und ohne unmittelbaren Zusammenhang mit der Handlung aus der Kulisse hervor, sagte ein Wort oder machte ein Zeichen und verschwand dann wieder. Von daher nannte man ihn »deus ex machina« – einen »Gott aus der (Theater-)

Maschine«. Viele Menschen machen auch aus dem Gott und Vater Jesu Christi wieder einen solchen »deus ex machina«, und zwar immer dann, wenn er nur helfen, aber nichts ändern soll; wenn er vorübergehend eingreifen und Wünsche erfüllen, aber zum eigentlichen Leben nichts beitragen darf; wenn man ihn beziehungslos, wie eine Maschine, benutzt, ohne ihn zu lieben. Ein solcher »Gott« ist gefährlich harmlos!

Kennzeichnend für einen modernen und aufgeklärten Glauben ist ja der Perspektivwechsel, den Karl Rahner »anthropologische Wende« genannt hat: Jede Aussage über Gott ist zunächst eine Aussage von – und damit über – Menschen. Unsere Rede von Gott ist analog, bildlich in menschlichen Vorstellungen, abhängig von Erfahrungen mit ihm und miteinander. Wenn ich in diesem modernen Sinn über das Bittgebet nachdenke, so ist die entscheidende Frage nicht: »Was bewirkt mein Gebet bei Gott?«, sondern: »Was bewirkt es bei mir?« Gebete verändern nicht die Welt, aber sie verändern die Menschen, und Menschen verändern die Welt.

Worum also darf ich bitten? Um einen Lottogewinn? Um eine siegreiche Schlacht oder einen Karrieresprung? Um Regen, um Blitzschutz? Um das Bestehen einer Prüfung? Viele bitten um Gesundheit und langes Leben. Wie steht es mit der Solidarität? Unlauter ist jedes Gebet auf Kosten anderer, menschlich sehr verständlich ist jedoch der Hilfeschrei aus tiefer Not. Auf jeden Fall gilt: »Nicht mein Wille geschehe, sondern der deine« (Lukas 22,42). Bitten darf ich um das, was ich jedem wünsche (Brot, Frieden), und um das, was ich selbst zu geben bereit bin (Vergebung), um die richtige innere Haltung (»Mach mich zu einem Werkzeug deines Friedens«) sowie um das, was nur Gott allein geben kann (ewiges Leben).

Wenn ich die Frage stelle, ob man Gott eigentlich alles sagen darf, so antworten die meisten Menschen: ja. Ich bin da anderer Meinung. Überall da, wo man Gott nur benutzt, wo er zum Glücksautomaten »ex machina« wird, wo das Gebet zur magischen Beschwörung, zum Ersatz eigenverantwortlichen Handelns verkommt oder göttliches Benehmen vorschreibt, da wird der Name Gottes magisch missverstanden. Sage deshalb niemals deinem Gott, dass du ein Problem hast, sondern sage deinem Problem, dass du einen Gott hast!

Beten und Bitten

Gott lässt bitten –
und wir sind gekommen!

Meistens kommen wir
mit einer großen Portion Bitte
und einer kleinen Prise Dank.
Beten ist meistens Bitten, schon etymologisch.
Der unaufgeklärte Mensch
will etwas erreichen, wenn er betet.

Was macht Gott mit unseren Bitten?
Er macht uns dankbar.
Im Bitten spüren wir,
dass wir die Empfänger sind –
und nicht die Macher.

Bitten ist nicht Information Gottes.
Bitten hält uns selbst in Form.
Wir erkennen, dass alles Gute von Gott kommt.

Darum sollen wir bitten:
dass Gottes Verheißungen in Erfüllung gehen
und sein Wille geschieht.

Wenn wir das tun,
werden wir dankbar –
und am Ende wunschlos glücklich.

In einer reifen Gottesbeziehung
wird aus Bitten Beten.
Und wenn Gottes Verheißungen im Blick sind,
wird das Beten zum Lobpreis, zum Gebet.

Das Dankgebet macht deutlich, dass ich nichts von dem, was mir geschenkt wurde, für selbstverständlich halten soll. Danken hat mit Staunen zu tun, mit Aufmerksamkeit und Vertrauen. Dankbar für mein Dasein werde ich häufig in der Natur; dort erfahre ich mich als ein Teil der Schöpfung, die nicht sinnlos ins All geworfen ist, sondern von Gott gewollt und beseelt ist. Dankbar für jeden Tag meines Lebens werde ich, wenn ich abends meinen Tag im Angesicht Gottes reflektiere. Im größten Dankgebet der Christenheit, der Eucharistie, verschmelzen Dank und Lob miteinander: Es gibt kein größeres Gotteslob, als Gott, dem Vater, den Dank für die Erlösung durch Jesus Christus immer wieder zum Ausdruck zu bringen, zu feiern und zu empfangen.

Das Klagegebet kommt häufig zu kurz. Wir jammern, wir beschweren uns. Aber zu klagen haben die meisten verlernt. Und dabei gibt es himmelschreiendes Unrecht! Die Klage dient dazu, die eigene seelische Verfassung ehrlich ins Wort zu bringen und das eigene Gottesbild zu läutern. Das Klagen hilft, ehrlich zu beten; meine Worte werden dadurch ganz sicher weniger schön, aber dafür wahrhaftiger. Die Klage weigert sich, das herrschende Elend und Gott vorschnell miteinander zu versöhnen und die Welt einfach nur hinzunehmen, wie sie ist. So motiviert die Klage zu einem Leben aus dem Glauben. Manchmal denke ich: Weil wir das Klagegebet verlernt haben, bitten wir Gott häufig um das Unmögliche – und werden notwendig enttäuscht. Es wäre besser, ehrlich zu klagen, als darum zu bitten, dass Gott uns vor jeder Enttäuschung bewahrt. Wenn ich vor Gott meine Not ehrlich ausspreche, merke ich manchmal schon, dass ich genug Kraft habe, selbst etwas daran zu ändern. Beten ist Vertrauensarbeit, das lese ich aus vielen Klagepsalmen heraus. Zunächst scheint die Not unüberwindlich groß. Doch dann geschieht im Beter selbst eine Wendung: Die Not wird dadurch gewendet, dass sich die Perspektive des betenden Menschen ändert. Er gelangt durch das Klagegebet zum Vertrauen und schließlich zum Lob Gottes.

Das Christentum geht über solches Klagen noch hinaus: Christinnen und Christen glauben, dass Gott selbst in Christus durch das Kreuz hindurchging und damit menschliches Leiden nicht sinnlos sein kann, auch wenn wir es nicht verstehen und erst recht nicht erklären können. Im Vertrauen auf Gott hoffen wir zuversichtlich: Wir klagen nicht ins Leere.

Beten ist Vertrauensarbeit

Gottvertrauen ist eine Haltung, die mich in Gelassenheit leben lässt. Zwar versuche ich so zu handeln, als ob es allein auf mich ankäme; Gott soll ja nicht Lückenbüßer meines Unvermögens sein. Aber ich versuche so zu vertrauen, als ob alles von Gott abhinge. So finden Glaube und Leben zusammen, ganz konkret.

Wie finde ich zu diesem Vertrauen? Allein durch das Gebet. Beten hilft, im Gleichgewicht zu bleiben. Ich verfalle weder in einen blinden Aktionismus noch in eine fatalistisch-naive Frömmigkeit, wenn ich mein Leben vor Gott offen ausspreche.

Die besten Beispiele für ein solches Beten finde ich in den Psalmen. Nirgendwo in der Bibel beten Menschen so ehrlich, so wahrhaftig, so ohne Denk- und Sprechverbote wie hier. Die Psalmen sind wirklich »Nachtherbergen für die Wegwunden« (Nelly Sachs). Es gibt nichts Menschliches, das nicht auch vor Gott Bedeutung hätte.

Durch das regelmäßige Beten kenne ich schon viele Psalmen in- und auswendig. Diese Texte haben vielen Menschen durch die dunkelsten Stunden ihres Lebens begleitet. Und der Glaube hat standgehalten.

Beten ist Vertrauensarbeit, ein Beziehungsgeschehen zwischen einem Menschen, dessen Schicksal auf der Kippe steht, und dem lebendigen Gott. Der betende Mensch betet sich in Gott hinein und findet neu zum Vertrauen. Dazu ein Beispiel: Psalm 22. Ich schreibe zwischen die Verse eine kleine Hilfe zum Verstehen. Man sollte den Psalm jedoch auch im Ganzen lesen.

Anrufung aus der Situation:

Mein Gott, mein Gott, warum hast du mich verlassen,
bleibst fern meiner Rettung, den Worten meines Schreiens?
Mein Gott, ich rufe bei Tag, doch du gibst keine Antwort;
und bei Nacht, doch ich finde keine Ruhe.

Erinnerung an die Heilsgeschichte:

> *Aber du bist heilig, du thronst über dem Lobpreis Israels.*
> *Dir haben unsere Väter vertraut,*
> *sie haben vertraut und du hast sie gerettet.*
> *Zu dir riefen sie und wurden befreit,*
> *dir vertrauten sie und wurden nicht zuschanden.*

Die bedrängende Gegenwart:

> *Ich aber bin ein Wurm und kein Mensch,*
> *der Leute Spott, vom Volk verachtet.*
> *Alle, die mich sehen, verlachen mich,*
> *verziehen die Lippen, schütteln den Kopf:*
> *Wälze die Last auf den HERRN! Er soll ihn befreien,*
> *er reiße ihn heraus, wenn er an ihm Gefallen hat!*

Ein erster Durchbruch – Zukunft in der Gottesbeziehung:

> *Du bist es, der mich aus dem Schoß meiner Mutter zog,*
> *der mich anvertraut der Brust meiner Mutter.*
> *Von Geburt an bin ich geworfen auf dich,*
> *vom Mutterleib an bist du mein Gott.*

Krise und Umbruch: Das Aussprechen der anonymen Mächte – in starken Bildern – schafft innere Distanz, ist heilsam. Das Unheil wird nicht verdrängt, sondern ehrlich benannt:

Sei mir nicht fern, denn die Not ist nahe
und kein Helfer ist da!
Viele Stiere haben mich umgeben,
Büffel von Baschan mich umringt.
Aufgesperrt haben sie gegen mich ihren Rachen,
wie ein reißender, brüllender Löwe.
Hingeschüttet bin ich wie Wasser,
gelöst haben sich all meine Glieder,
mein Herz ist geworden wie Wachs,
in meinen Eingeweiden zerflossen.
Meine Kraft ist vertrocknet wie eine Scherbe,
die Zunge klebt mir am Gaumen,
du legst mich in den Staub des Todes.
Denn Hunde haben mich umlagert,
eine Rotte von Bösen hat mich umkreist.
Sie haben mir Hände und Füße durchbohrt.
Ich kann all meine Knochen zählen;
sie gaffen und starren mich an.
Sie verteilen unter sich meine Kleider
und werfen das Los um mein Gewand.
Du aber, Herr, halte dich nicht fern!
Du, meine Stärke, eile mir zu Hilfe!
Entreiß mein Leben dem Schwert,
aus der Gewalt der Hunde mein einziges Gut!
Rette mich vor dem Rachen des Löwen
und vor den Hörnern der Büffel! –
Du hast mir Antwort gegeben.

Gotteslob – Durchbruch zum Vertrauen. Die Feindbilder lösen sich auf, Feinde werden zu Brüdern. Hier geschieht überhaupt kein Wunder, sondern nur – und immerhin! – eine Bewusstseinsänderung: Glaubensgewissheit in größter Not. Gott ist kein magischer Wundertäter, der einen aus der Grube zieht, sondern ein freies Gegenüber, dem ich vertrauen kann; kein Talisman, kein Zauberer, sondern ein naher Gott – auch in tiefster Not.

Ich will deinen Namen meinen Brüdern verkünden,
inmitten der Versammlung dich loben.
Die ihr den HERRN fürchtet, lobt ihn;
all ihr Nachkommen Jakobs, rühmt ihn;
erschauert vor ihm, all ihr Nachkommen Israels!
Denn er hat nicht verachtet,
nicht verabscheut des Elenden Elend.
Er hat sein Angesicht nicht verborgen vor ihm;
er hat gehört, als er zu ihm schrie.
Von dir kommt mein Lobpreis in großer Versammlung,
ich erfülle mein Gelübde vor denen, die ihn fürchten.
Die Armen sollen essen und sich sättigen;
den HERRN sollen loben, die ihn suchen.
Aufleben soll euer Herz für immer.
Alle Enden der Erde sollen daran denken
und sich zum HERRN bekehren:
Vor dir sollen sich niederwerfen alle Stämme der Nationen.

Denn dem HERRN gehört das Königtum;
er herrscht über die Nationen.
Es aßen und warfen sich nieder alle Mächtigen der Erde.
Alle, die in den Staub gesunken sind,
sollen vor ihm sich beugen.
Und wer sein Leben nicht bewahrt hat,
Nachkommen werden ihm dienen.
Vom HERRN wird man dem Geschlecht erzählen,
das kommen wird.
Seine Heilstat verkündet man einem Volk,
das noch geboren wird:
Ja, er hat es getan.

Das Vertrauen ist wiederhergestellt, weil die Not in Gott schon gewendet ist. Sie wird angesichts des Glaubens an den liebenden Gott nicht mehr als übermächtiges Unheil erfahren. Wer den Psalm aufmerksam liest, entdeckt sofort, dass er bei der Abfassung der Passionsgeschichten der Evangelien Pate gestanden haben muss. Sehr viele Parallelen – sprachlich und in der Abfolge der Geschehnisse – legen dies nahe. Wenn Jesus diesen Psalm am Kreuz gebetet hat (Markus 15,33–37), dann hat er sicherlich nicht nur das überlieferte »Mein Gott, warum hast du mich verlassen?« hinausgeschrien, sondern auch das vertrauende »Vom Mutterleib an bist du mein Gott«. Auch für Jesus war das Psalmenbeten Vertrauensarbeit. Die Gebete, die er kannte, entfalteten ihre Kraft genau dann, als er sie brauchte. Auch Jesus betete von außen nach innen, und er betete sich hinein in Gott.

Beten

Nicht der Mensch
verändert Gott –
Gott verwandelt
den Menschen.

Eine Sprache finden

Gebet ist Gespräch mit dem unsagbar geheimnisvollen Gott, der sich in Jesus Christus ein für alle Mal offenbart hat und im Heiligen Geist unter uns wirkt. Deshalb braucht es eine angemessene, gewählte Sprache. Gemeinschaftliches Beten muss verständlich sein für Menschen; vor Gott bleibt es immer ein Stammeln (doch wir dürfen annehmen, dass er auch dieses gern, geduldig, liebevoll hört). Unser Beten muss alltäglich bleiben, ohne banal zu werden. Eine allzu modische Sprache kann unglaubwürdig und anbiedernd sein.

Gebete im Gottesdienst müssen etwas allgemeiner gehalten sein, gerade weil die Situation der jeweiligen Gemeinde darin Raum finden soll. Allzu situative Gebete wirken sehr schnell banal, wenn die Situation gar nicht da ist; allzu aktuelle Themen sind häufig schon von gestern. Nur wenn die Sprache etwas allgemeiner ist, kann mein Leben darin vorkommen, kann ich mich in das Gebet der Gemeinschaft hineinstellen. Das ganz Konkrete meines eigenen Lebens gehört dann in das Gebet auf der Bettkante.

Das gemeinschaftliche Beten wird so zu einer Hinführung zum persönlichen Gebet. Im persönlichen Gebet darf es immer heißen: Raus mit der Sprache! Das gemeinschaftliche Gebet muss etwas allgemeiner und gewählter sein: Alltagssprache, nicht Jargon; aus dem Leben, nicht von der Gasse.

Beides – persönliches und gemeinschaftliches Beten – muss jedoch einander durchdringen. Beides ist Poesie: das ganz einfache, spontane persönliche Gebet wie auch das Beten in Gemeinschaft. Beides ist schön, ästhetisch ansprechend, und das ist keine Frage von Intelligenz und Formulierungskunst, sondern von Wahrhaftigkeit, Glaubwürdigkeit und Mut. Wer mit eigenen Worten betet, trifft den richtigen Ton, weil er sich selbst vor Gott zur Sprache bringt. Da hat auch das kleinste Wort Gewicht, da macht sich niemand lächerlich. Die Unerhörtheit, überhaupt mit Gott sprechen zu dürfen und zu können, hat in sich eine Würde, die sich auf die Worte legt. Eine einfache Sprache auf dem Boden des Alltags ist auf jeden Fall gewählter als große Worte, die sich künstlich zur Decke hin strecken. Wer zu beten beginnt, verdichtet sein Leben vor Gott – und wird zum Dichter seiner und Gottes Wahrheit.

Mit allen Sinnen

Als Mensch habe ich nicht nur einen Leib, ich bin Leib. Zwischen Seele, Geist und Leib kann ich nicht unterscheiden, denn Gott hat mich als Mensch gewollt und erschaffen, nicht als zusammengesetztes Konstrukt. Wenn ich ernst nehme, dass ich Leib bin, dann ist Beten nicht bloß eine seelisch-geistige, sondern auch eine leibliche Angelegenheit.

Ich kann mich dabei an Jesus Christus orientieren: In ihm ist Gottes Sohn Mensch geworden aus Fleisch und Blut, mit Hand und Fuß, mit Haut und Haar. Er kam nicht als Idee, nicht als Programm, nicht als Buch, sondern als Mensch (Johannes 1,14). Gerade in seiner einmaligen Beziehung zu seinem Vater hat er sich in die religiöse Überlieferung des jüdischen Volkes hineingestellt, hat Glauben und Beten gelernt wie jeder andere Jude auch. Er hat die Riten gekannt, die Rituale heiliggehalten. Das Abendmahl, die Eucharistie als sein großes Vermächtnis steht ganz in der Tradition des jüdischen Paschamahls. Er hat sich immer wieder zurückgezogen an einsame Orte und beim Beten auch seinen Leib sprechen lassen: »Jesus aber erhob seine Augen und sprach: Vater, ich danke dir, dass du mich erhört hast« (Johannes 11,41). In der späteren Reflexion über Jesus als den Erlöser und Heiland, der sich selbst für das Leben der Menschen hingibt, wird ausdrücklich auf seinen Leib hingewiesen: »Darum spricht Christus bei seinem Eintritt in die Welt: Einen Leib hast du mir geschaffen« (Hebräer 10,5). Der menschliche Leib hat eine ganz besondere Würde: »Verherrlicht also Gott in eurem Leib!« (1 Korinther 6,20). Der Leib ist schließlich auch ein Bild für die Kirche, für die Verbundenheit der einzelnen Glieder untereinander und mit Christus (Römer 12,1–8; 1 Korinther 12,12–31a).

Beten mit vollen Sinnen bedeutet sinnvoll beten: Hören auf Gottes und der Menschen Wort, die Welt wahrnehmen, wie sie ist – sehend, schmeckend, riechend, tastend –, das sind Voraussetzungen zum Meditieren, Betrachten, Danken und Fürbitten, oft genug auch zum Klagen über das, was Menschen einander und der Schöpfung antun.

Die Welt zu sehen, im Licht des Evangeliums zu urteilen und danach zu handeln geht nicht ohne wache und offene Sinne. Dabei bleibt der Hörsinn für den Glauben stets zentral: »Der Glaube kommt vom Hören« (Römer 10,18). Thomas von Aquin formuliert in seinem Fronleichnamshymnus »Adoro te devote«: »Visus, tactus, gestus in te fallitur, sed auditu solo toto creditur« – »Sehen, Schmecken, Tasten täuschen sich in dir, aber durch das Hören kommt der Glaube mir«. Ohne zu hören kann ich nicht glauben, denn Glauben bedeutet zuerst Empfangen.

Dennoch sollen auch die anderen Sinne angesprochen werden wie in der Liturgie: Gottes Dienst an uns wird begreifbar in Symbolen und Zeichen. Bilder, Kerzen, Taufwasser und Weihrauch können auch meine persönlichen Gebetszeiten bereichern. Eine Kerze schafft immer Atmosphäre, spendet natürliches Licht und Wärme, ist ein Zeichen von Hingabe und der Auferstehung Jesu Christi. Wenn sie für jemanden brennt, ist sie ein Zeichen der Solidarität und Sympathie, des Gedenkens und der Fürbitte. Sie ist selbst Symbol für Christus und für ein christliches Leben, für das Licht der Liebe Gottes und die Hingabe Jesu: Wenn die Kerze brennt, verzehrt sie sich dabei selbst, um ihr Licht und ihre Wärme für andere geben zu können.

Beten mit Gebärden bedeutet, den Leib sprechen zu lassen. Gebetsgebärden sind heilsam, weil sie mir zeigen, dass ich als ganzer Mensch vor Gott stehen darf und er sich ganz und gar für mich interessiert.

Stehen bedeutet Sich-Aufrichten, ein aufrechter und aufrichtiger, aufmerksamer Mensch zu sein; es ist die Urgebärde des menschlichen Betens und die normale Haltung der Beter in der Bibel und im Christentum. Erlöste stehen vor Gott wie ein Baum: fest verwurzelt, ausgerichtet nach oben und zur Seite, Gott und Welt verbindend. Sie stehen vor Gott zu sich selbst und zueinander.

Die Hände sind der geistigste Teil des menschlichen Leibes; wir können mit ihnen am besten unser Inneres zum Ausdruck bringen. Sie zeigen Offenheit, Zärtlichkeit, Gefühl und Schutz, aber auch Gewalt und Zerstörung. Die Hände zu erheben steht in der Bibel gleichbedeutend für Beten (Genesis 14,22). Das Ausstrecken der Hände bedeutet Segen und Schutz (Genesis 48,14; Exodus 9,22), Ergebung in den Willen Gottes (Johannes 21,18), Mitteilung des Heiligen Geistes (Apostelgeschichte 6,6) und Heilung (Matthäus 8,3.15; 9,18.25). Wenn ich meine Hände ausbreite und erhebe, empfinde ich meinen ganzen Leib wie eine Schale, die zum Empfangen da ist. Führe ich meine Hände seitwärts weiter nach oben bis zur Schulterhöhe, so bin ich in der frühkirchlichen Orantenhaltung, die immer wieder zu Gottes Lob und Preis eingenommen wird. Meine Arme werden dabei nicht müde, weil sie von innen her gestützt sind.

In der Kreuzgebärde lege ich die Hände vorn auf meine Schultern, über Kreuz, und mache mir bewusst, dass ich mein Kreuz trage und auf vieles festgelegt bin, das ich nicht ändern kann. Die über der Brust gekreuzten Hände drücken Hingabe aus. In der orthodoxen Kirche geht man so zur heiligen Kommunion, bei der Profess der Ordensleute geht es darum, sich Gott ganz zu überlassen.

Die Hände nach vorn zu öffnen ist eine Haltung des Empfangens, beim Vaterunser sollte die ganze Gemeinde so dastehen. Händefalten mit aneinander gelegten Handflächen ist die Haltung eines Vasallen gegenüber seinem Lehnsherrn: Jemand stellt sich ganz zur Verfügung. Das Händefalten mit ineinander verschlungenen Fingern ist eine späte Entwicklung, die aber zur gewöhnlichen Gebetsgebärde geworden ist und Ergebung in den Willen Gottes bedeutet. Die Hände vor das Gesicht zu halten ist eine Form, mit sich und Gott allein zu sein; sie bedeutet Versenkung ins eigene Herz. Handauflegen heißt Segnen und Heilen – es sollte viel mehr praktiziert werden als nur bei Weihe und Ordination von kirchlichen Amtsträgern oder etwa bei der Lossprechung nach der Beichte. Das Schlagen an die Brust ist ein Zeichen der Umkehr, das Kreuzzeichen ist Bekenntnis und Kurzformel des Glaubens in einem.

Ich kann mich verbeugen vor Gott, ohne mich verbiegen zu müssen: Nur wer ein Rückgrat hat, kann sich auch bücken! Ich kann vor ihm in die Knie gehen, aber nur vor ihm, vor sonst niemandem. Besondere Demut, Hingabe und Unterwerfung kann ich zum Ausdruck bringen, indem ich mich ganz auf den Boden lege. Die sogenannte Prostratio ist in fast allen Religionen üblich, sie wird auch von Abraham (Genesis 17,3; 24,26) und von Jesus (Matthäus 26,39) berichtet; sie kommt in der katholischen Kirche bei den Weihen und am Karfreitag zu Beginn der Liturgie vor. Dieses Sich-ganz-Ausstrecken ist in sich eine so tiefe Gebetserfahrung, dass sie keiner weiteren Worte und Erklärungen bedarf.

Das Sitzen soll kein gelangweiltes und abwartendes Herumsitzen sein, sondern eine konzentrierte und bewusste Haltung. Die Bibel erzählt vom Sitzen als Zeichen friedlichen Miteinanders (Micha 4,4), vom Festsitzen in der Trauer (1 Könige 19,4; Ijob 2,8), aber auch vom Thronen Gottes (1 Samuel 4,4; 1 Könige 1,13) und vom Herrschen mit Christus (Matthäus 19,28). Sitzen ist Thronen, Horchen (Lauschen) und Meditieren; es wird selbst zum Gebet, wenn man es mit bestimmten Meditationsformen (Jesusgebet, Schriftbetrachtung) verbindet oder sich einfach schweigend von Gott anschauen, in das wortlose Geheimnis seiner Gegenwart hineinnehmen lässt.

Das Schreiten ist ebenfalls eine Gebetsgebärde. Es ist ein sehr bewusstes, gleichmäßiges Gehen durch den (Kirchen-) Raum. Ich stelle mir vor, mit jedem Schritt meines Lebens ein Stück näher auf Gott zuzugehen. Die Prozession ist ein sehr feierliches Schreiten in Gemeinschaft. Ich gehe – schreite – aber auch sehr gerne allein durch eine große Kirche oder gehe darin singend umher.

Andere Gebetsgebärden sind – außer in Corona-Zeiten – das Händereichen beim Friedensgruß oder im Kreis um den Altar, der Kuss des Altares und des Evangelienbuches, einer Ikone oder eines Kreuzes. Der Entdeckung neuer Gebärden sind keine Grenzen gesetzt; selbst das Zu-Bett-Gehen am Abend kann Gebetsgebärde sein, wenn man sich jener letzten Geborgenheit und Ruhe anvertrauen mag, die nur Gott schenken kann. »In Frieden leg' ich mich nieder und schlafe ein; denn du allein, Herr, lässt mich sorglos ruhen« (Psalm 4,9).

Wie Beten geht

Beten mit der Bibel

Durch die Bibel bekomme ich Anteil an den Gotteserfahrungen anderer. Allein von mir aus kann ich nicht wissen, wer Gott ist. Meine natürliche Erfahrung, mein Sinn und Verstand reichen dazu nicht aus. Und warum? Weil Gott sich in Jesus Christus ein für alle Mal und unüberbietbar offenbart hat. Diese radikale menschliche Nähe Gottes kann sich niemand ausdenken, sie ist absolut unwahrscheinlich und deshalb reines Geschenk. Die Bibel ist Gottes Wort in Menschenwort; sie ist nicht vom Heiligen Geist diktiert, sondern Gottes Geist wirkt, wenn die Worte, die menschliche Erfahrungen mit Gott widerspiegeln, mein Herz treffen und mich zum Glauben und Handeln herausfordern. Christinnen und Christen glauben nicht an Verbalinspiration – in diesem Sinne ist das Christentum keine Buchreligion. Aber wenn ein Wort der Bibel mitten ins Herz trifft, kann das sehr inspirierend sein.

Christliches Beten geht daher nicht ohne Bibel. Mein Umgang mit der Bibel soll zum Gebet und zur Tat werden. Schon das regelmäßige Lesen in der Bibel, das Hören auf das verkündete Wort kann Gebet sein. Und es gibt in der Bibel selbst viele Gebetstexte, die aus einer langen Glaubenstradition kommen: Gebete aus der Geschichte Israels, die Psalmen, Gebete der Propheten, das Gebet Jesu und die liturgischen Texte der frühen Christengemeinden, die in den neutestamentlichen Briefen überliefert sind. Beten mit der Bibel heißt deshalb zuerst: Beten mit den Texten der Bibel, den Urtexten des Glaubens. Eine Auswahlhilfe ist die Orientierung an den Tageslesungen der Liturgie oder an den täglichen Losungen der Brüdergemeine.

Eine zweite einfache Möglichkeit ist das sinngemäße und deutende Umformulieren von biblischen Texten, sodass sie mich unmittelbar ansprechen. Ich empfehle das manchmal in Exerzitien – es ist verblüffend einfach. Zum Beispiel so – der biblische Text:

Als er nach einigen Tagen wieder nach Kafarnaum hineinging, wurde bekannt, dass er im Hause war. Und es versammelten sich so viele Menschen, dass nicht einmal mehr vor der Tür Platz war; und er verkündete ihnen das Wort. Da brachte man einen Gelähmten zu ihm, von vier Männern getragen. Weil sie ihn aber wegen der vielen Leute nicht bis zu Jesus bringen konnten, deckten sie dort, wo Jesus war, das Dach ab, schlugen die Decke durch und ließen den Gelähmten auf seiner Liege durch die Öffnung hinab.

Als Jesus ihren Glauben sah, sagte er zu dem Gelähmten: Mein Sohn, deine Sünden sind dir vergeben! Einige Schriftgelehrte aber, die dort saßen, dachten in ihrem Herzen: Wie kann dieser Mensch so reden? Er lästert Gott. Wer kann Sünden vergeben außer dem einen Gott?

Jesus erkannte sogleich in seinem Geist, dass sie so bei sich dachten, und sagte zu ihnen: Was für Gedanken habt ihr in euren Herzen? Was ist leichter, zu dem Gelähmten zu sagen: Deine Sünden sind dir vergeben! oder zu sagen: Steh auf, nimm deine Liege und geh umher? Damit ihr aber erkennt, dass der Menschensohn die Vollmacht hat, auf der Erde Sünden zu vergeben – sagte er zu dem Gelähmten: Ich sage dir: Steh auf, nimm deine Liege und geh nach Hause! Er stand sofort auf, nahm seine Liege und ging vor aller Augen weg. Da gerieten alle in Staunen; sie priesen Gott und sagten: So etwas haben wir noch nie gesehen.
(Markus 2,1–12)

Das Gebet, frei am biblischen Text entlang:

Herr Jesus Christus, wärest du doch hier in meinem Haus. Ich fühle mich manchmal wie gelähmt. Aber es gibt Menschen, die mich tragen – hin zu dir. Menschen, die sich viel einfallen lassen, damit wir einander begegnen. Du siehst den Glauben derer, die mich zu dir hinbringen, den Glauben meiner Träger. Du vergibst mir meine Schuld, räumst aus dem Weg, was mich trennt von Gott. Nur du weißt, wie es um mich steht. An dir halte ich mich fest, mögen die Leute denken, was sie wollen. Du machst mir Mut, aufzustehen, aufzuerstehen mit dir. »Steh auf, nimm deine Liege und geh nach Hause!«, sagst du jetzt zu mir. Ich muss meine Liege, meine Geschichte, meine Vergangenheit, meine Lähmung ansehen und in die Hand nehmen, sonst kann ich nicht gehen. Ich muss mich sel-

ber annehmen, sonst geht es nicht weiter. Ich darf meine Ge-
schichte lieben und dein Wirken darin. Du gibst mir die Kraft
dazu. Ich kann zu mir stehen, kann aufrecht gehen vor aller
Augen. Ich kann vor dir bestehen. Du bist mein Standpunkt,
meine Orientierung, meine Zukunft. Mit dir möchte ich den
Vater loben und preisen, denn du schaust mich an. Ich kann
mich wieder sehen lassen, seitdem du mich auf eigene Füße
gestellt hast.

Dieses einfache Schriftgebet beruht auf der Einsicht, dass biblische Texte erst dann zu sprechen beginnen, wenn ich sie auf mich selbst beziehe. Dazu braucht man sehr viel Mut, denn es ist viel einfacher, eine akribisch-wissenschaftliche Exegese anzufertigen, als einen Text ganz persönlich sprechen zu lassen.

Man kann biblische Texte leicht umformulieren, sodass sie zum Gebet werden, zum Beispiel die »Ich-bin-Worte« aus dem Johannesevangelium. Dann wird aus »Ich bin der Weg und die Wahrheit und das Leben; niemand kommt zum Vater außer durch mich« (Johannes 14,6) ein Gebet: »Herr Jesus Christus, sei du mein Weg, meine Wahrheit, mein Leben; durch dich darf ich zum Vater kommen.« Im Hohelied der Liebe aus dem Ersten Korintherbrief (1 Korinther 13) kann ich das Wort »Liebe« durch das Wort »Jesus« ersetzen und in der zweiten Person (du) sprechen, und schon spricht der Text persönlich an und wird zum Gebet.

Man kann in biblischen Texten die Prädikate austauschen, und schon wird ein Wort von Gott zu einem Gebet zu

Gott, zum Beispiel der berühmte 23. Psalm. Aus »Der Herr ist mein Hirte« wird dann »Herr, sei du mein Hirte«.

Oder ich schreibe Gottes Liebesbrief an mich, indem ich meinen eigenen Namen einsetze, wo Gott in der Bibel zu einem Menschen spricht, zum Beispiel Markus 6,31, Matthäus 17,5, Hoheslied 10,6, Jeremia 1,5; besonders schön ist Jesaja 43,1: »Jetzt aber – so spricht der HERR, der dich erschaffen hat, Jakob, und der dich geformt hat, Israel: Fürchte dich nicht, denn ich habe dich ausgelöst, ich habe dich beim Namen gerufen, du gehörst mir.« Dieser Text stand in großen bronzenen Lettern über meinem Taufbrunnen, und er hat mich als Zusage Gottes, die ich zum Gebet umformuliere, immer begleitet: »Du, Herr und Gott, der du mich gewollt hast, du hast mich erlöst, mich beim Namen gerufen, ich gehöre dir.« Es gibt auch einige biblische Liebesbriefe an Gott, denen ich mich anschließen kann, zum Beispiel die Psalmen 16, 19, 31, 71, 86, 139 und 145, immer in dem Bewusstsein, dass Gottes Geist im Wort der Bibel lebendig ist, wenn ich mich hier und jetzt von ihm ansprechen, in Anspruch nehmen lasse – mit Leib und Seele, mit Herz und Verstand.

Beten mit der Bibel

Ich bete wie …

… Abraham, der merkt, dass Gott mit sich reden lässt (Genesis 18,23–32)

… Maria, die weiß, dass Gott auch die Kleinen liebt (Lukas 1,46–55)

… Tobias und Sara, deren Gebet vermittelt wird vom Engel Raphael (Tobit 12,12.15)

… Elija, der Gottes Nähe im leisen Säuseln des Windes spürt (1 Könige 19,12–13)

… Mose, der bis ans Lebensende mit Gott in die Freiheit geht (Deuteronomium 34)

… Habakuk, der dazu aufruft, vor Gott zu schweigen (Habakuk 2,20)

… Jesus, der nur Gott seinen Vater nennt (Matthäus 23,9)

… Paulus, der Jesus seinen Vater glaubt (Römer 8,15)

Verspüren und Verkosten

Die eigentliche Schriftmeditation habe ich bei Ignatius von Loyola gelernt. Ignatius, als Soldat im Krieg verwundet, liegt auf seinem Krankenlager und liest das Leben Jesu und der Heiligen, sozusagen das Evangelium und die lebendigen Kommentare dazu. Er notiert genau, was ihn besonders anspricht, und bemüht sich um eine existenzielle Auslegung der Bibel.

Später versucht er in seinen Exerzitien, sich dem biblischen Text Schritt für Schritt zu nähern: durch Besinnung (Meditation), Betrachtung (Kontemplation), die Beachtung der geschichtlichen Tatsachen (historia), durch Zusammenfassung der wichtigsten Punkte (summaria); durch selbstständiges Überdenken (discurriendo) und eigene Schlussfolgerungen (raciocinando), vor allem aber durch das Verkosten der Dinge in der eigenen Vorstellung (sentir) sowie durch das verstandesgemäße Eindringen (raciociación propria). An wissenschaftlicher Exegese liegt ihm weniger als an existenzieller; nur sie führt in die Gottesbeziehung hinein, »denn nicht das Vielwissen sättigt und befriedigt die Seele, sondern das Verspüren (sentir) und Verkosten (gustar) der Dinge von innen her (internamente)«, schreibt er in seinem Exerzitienbuch.

Diese etwas holprige Aufzählung macht die vielen Dimensionen deutlich, die Heilige Schrift zu erfassen. Die kognitiven Kräfte werden hier nicht abgelehnt, aber die affektiven stehen im Vordergrund: In der Betrachtung (Kontemplation) gehe ich die biblische Geschichte durch, überdenke sie, suche

Gesichtspunkte, die ein neues Licht auf die Stelle werfen; ich lasse mich auf innere Vorgänge ein, auf das Verkosten und Verspüren, von dem Ignatius spricht. Dabei schaue ich mir die Szene genau an, gehe die Landschaft, die Personen, die Handlung mit allen meinen Sinnen durch: Hören, Sehen, Riechen, Tasten und Schmecken.

Die Bibel ist nicht bloß Literatur, sondern das Medium und der Ort der Umgestaltung des eigenen Lebens im Blick auf das Leben Jesu, wobei alle Kräfte des Menschen, alle seine Tiefenschichten, sein Denken, Wollen, Fühlen, Wirken, seine Phantasie usw. sich ausleben sollen – alles, was mithelfen kann, die Existenz des Menschen im Licht der Heiligen Schrift zu verwandeln. Das »hermeneutische Prinzip«, der Schlüssel zum Verständnis der Heiligen Schrift ist ja nicht, was ich weiß, wer ich bin, was ich will oder was andere fordern oder denken, sondern allein der auferstandene Christus, der im Wort der Schrift zu mir spricht, und zwar hier und jetzt in diesem Augenblick. Dabei bleibt das Handeln Gottes, das Ergriffenwerden durch Jesus Christus, maßgeblich vor aller menschlichen Anstrengung. Der Mensch kann aber daran mitwirken, und die Bibel ist der beste Einstieg in eine gelingende Gottes- und Christusbeziehung.

Die Begegnung mit dem Gott Jesu Christi soll immer weiter vertieft werden: Verstehen ist mehr als Denken, und wirkliche Empathie, von Herz zu Herz, ist mehr als Verstehen. »Psychographisch« nennt man deshalb diese Weise des Umgangs mit der Heiligen Schrift: Man stellt sich alles genau vor und hält seine eigene Existenz ganz nahe an die Schrift heran, stellt sich mit seinem eigenen Leben gedanklich und emotional in die Szene hinein. Dabei kann ich auch fragen, ob sich vielleicht ein Wort aus dem Text »heute an mir erfüllt hat« (Lukas 4,21), also heute lebensrelevant geworden ist. Oder man fragt sich, welches Wort heute nicht nur zu bedenken, zu betrachten ist, um sich dadurch ermutigt zu fühlen, sondern auch, welches Wort jetzt zu tun ist: »Werdet Täter des Wortes und nicht nur Hörer, sonst betrügt ihr euch selbst« (Jakobusbrief 1,22).

Und wie geht das praktisch? Ich versuche, den Raum so zu gestalten, dass ich darin verweilen kann, ohne abgelenkt zu werden. Ich nehme mir genügend Zeit, um nicht gehetzt zu sein; allerdings lege ich auch den zeitlichen Endpunkt meiner Schriftbetrachtung fest. Ich bete zum Heiligen Geist, dass er durch das Wort der Schrift in mein Leben hineinsprechen möge. Und dann nehme ich die Bibel, stelle mir alles genau vor und warte geduldig, denn »der Glaube kommt vom Hören« (Römer 10,17).

Nach der Betrachtung verweile ich kurz in meiner Erfahrung, um sie ins Leben mitnehmen zu können. Vielleicht formuliere ich daraus ein kurzes Gebet, eine Bitte, eine Hoffnung. Und schließe meine Gebetszeit ab wie meine kleine persönliche Liturgie (Vaterunser, Segen, Geste).

Ein solches Schriftgebet ist der Versuch, so lange hinzuspüren, bis man gewahr wird, dass die Kraft des Glaubens und des Vertrauens in einem wächst. Damit wird eine Tür aufgetan, durch die Gott selbst wirken kann. Das gläubige Vertrauen ist die Tür, durch die er eintritt und Wohnung nimmt in mir. Dann ist Spiritualität: leben in Gottes Gegenwart – nicht mehr und nicht weniger.

Der betende Umgang mit der Bibel –
Schriftbetrachtung in sechs Schritten

1. *Sich vorbereiten:*
   Ich lasse alles hinter mir, um ganz da zu sein.
   Ich spreche ein Gebet.
2. *Lesen, Bitten:*
   Ich lese den Text häufiger
   und bitte Gott, mir den Sinn zu zeigen.
3. *Suchen, Entdecken:*
   Ich suche danach, was mich innerlich in Bewegung bringt.
4. *Verweilen:*
   Ich bleibe bei dem, was mich bewegt,
   und verkoste es bis zuletzt.
5. *Beenden:*
   Ich setze einen deutlichen Schlusspunkt:
   Gebet, Gebetsformel, Verneigung.
6. *Reflexion:*
   Ich notiere, was sich in mir getan hat,
   um später darauf zurückzugreifen.

Den Tag gestalten

Den Tag geistlich einteilen, beten und arbeiten im Wechsel, das geht am besten mit festen Regeln. Das Stundengebet der Kirche ist ein Regelwerk, mit dem man den Alltag besteht, ohne dabei Gott zu vergessen: Ich mache mir bewusst, dass ich Mensch bin, und eben nicht Arbeitstier. Ich bin geschaffen, um zu leben und zu lieben, und nicht, um etwas oder mich selbst zu produzieren. Ich leide nicht unter Arbeitswut, sondern meine Arbeit ist eine Antwort auf Gottes Schöpferliebe. Und deshalb braucht meine Arbeit eine kreative, spirituelle Unterbrechung. Deshalb braucht mein Tag Zeiten, in denen es regelmäßig – ohne Rücksichtnahme auf Lust und Laune – um mich ganz persönlich, um Gott, um die Menschheit, um die Kirche als Gemeinschaft geht.

Dabei hat das Zweite Vatikanische Konzil (1962–1965) einiges wieder ins Lot gebracht: Die Einengung auf die Feier der heiligen Messe wurde zugunsten anderer Gottesdienstformen überwunden, und das Stundengebet ist nun nicht mehr eine auf Kleriker und Ordensleute beschränkte Pflichtlektüre. Stundengebet ist Gemeinschaftsgebet, es gehört in jede christliche Gemeinde. Auch die Andachten, Früh- und Spätschichten, Tagesein- und Ausklänge sind in starker Anlehnung an das Stundengebet entstanden. Weil es ganz und gar vom Wort der Bibel lebt, ist es durch und durch ökumenisch.

Den Tag geistlich einteilen: mit den Laudes, dem Morgenlob; mit einem kurzen Gebet auf der Höhe des Tages; mit der Vesper, dem Abendgebet; mit der Komplet, dem Gebet zur guten Nacht; mit Lesehore oder Matutin, dem Lesegottesdienst, der aus der Heiligen Schrift lebt und die großen geistlichen Traditionen der Kirche zu Wort kommen lässt. Jede Tag- und Gebetszeit folgt dabei einem ähnlichen Schema: Eröffnung, Hymnus – ein Loblied auf Gott, Psalmen – zur Einstimmung auf die Bibellesung, ein Wort aus der Heiligen Schrift, die Antwort der Gemeinde, der zur Tagzeit passende Lobgesang (Benediktus, Magnifikat), Fürbitten, Vaterunser, Schlussgebet und Segen.

Also immer dasselbe? Ein ehemaliger Kommilitone meinte, man könne so nicht beten, denn man solle doch nicht »plappern wie die Heiden« (Matthäus 6,7). Zunächst habe ich auch so gedacht: immer dasselbe. Doch im Laufe der Zeit habe ich »dasselbe« schätzen gelernt: Die Tagzeiten des Stundengebets sind verlässlich, ich bin deshalb auf spontane Ideen nicht angewiesen. Ich muss mir mit dem Beten keinen Stress machen, sondern die feste Form hilft mir, den Tag wirklich mit Gott zu bestehen. Den Reichtum der Heiligen Schrift, die unterschiedlichen Schwerpunkte innerhalb des Kirchenjahres, die feinen sprachlichen Nuancen entdeckt man erst im Laufe der Zeit, und zwar dann, wenn »es« – das Beten – wirklich »läuft wie am Schnürchen«. Das Stundengebet ist für den Anfänger tatsächlich »immer dasselbe« und fordert die Geduld ziemlich heraus; für den Fortgeschrittenen offenbaren sich wahre Schätze. Wieder einmal zeigt sich: Beten muss man können und kennen, auswendig und inwendig; es geht nicht nur mit dem Herzen, sondern auch mit dem Mund, von außen nach innen. Die große Anziehungskraft kontemplativer Klöster als Orte der Stille – auch für sogenannte Fernstehende – beruht häufig darauf, dass hier ein Gebet, das seine Würde in sich selbst hat, schon seit Jahrhunderten gepflegt wird. Die Treue zum Ganzen ist hier wichtiger als das Erlebnis des Einzelnen. Stundengebet ist nicht Event, sondern Treue; ist nicht einmaliges Erlebnis, sondern ständiges Eintauchen aus dem Alltag in die Gegenwart Gottes.

Zugegeben, eine Schwierigkeit gibt es: Das Stundengebet ist für die Gemeinschaft bestimmt. Es fällt schwer, sich allein darin zurechtzufinden. Es ist sehr trocken, ein Gemeinschaftsgebet zu sprechen und dabei alle Teile selbst übernehmen zu müssen. So wundert es kaum, dass Menschen, die das Stundengebet allein beten wollen oder sollen, bald wieder damit aufhören. Entweder man sucht sich Gleichgesinnte, initiiert solche Gebetszeiten in seiner Gemeinde, sucht sich ein Kloster für Stille Tage – oder man lässt es bleiben.

Ein Ausweg könnte darin bestehen, alternative Formen zu suchen, die den gleichen Sinn haben wie das Stundengebet – nämlich die geistliche Einteilung des Tages –, die aber auch allein möglich sind. Eine eigene kleine Liturgie für das persönliche Morgen- und Abendgebet zum Beispiel: Kreuzzeichen, ein Psalm, eine kurze Schriftlesung, Vaterunser, Segen. Oder eine kurze Stille Zeit am Mittag: ein Psalmwort, fünf Minuten Schweigen, Abschlussgebet, Segen.

Ich selbst gestalte meine Gebetszeiten mit einer Kombination aus dem Stundengebet – dazu bin ich als katholischer Priester verpflichtet im Sinne eines Gebets mit der Kirche –

und einigen persönlichen geistlichen Quellen: dem reichen Schatz an geistlichen Werken der Musik, allen voran den Kantaten, Passionen sowie Präludien und Fugen von Johann Sebastian Bach. Sehr häufig bete ich so am Klavier, an der Orgel – warum auch nicht? Der Sinn ist klar: Nicht *was* ich spiele, spreche oder lese, ist wichtig, sondern *dass* ich es tue, regelmäßig und zur Einteilung meines Tages, den ich morgens von Gott empfange und den ich ihm abends wieder zurückgeben möchte als ein Geschenk, aus dem ich etwas gemacht habe.

Am Morgen und am Abend

Auch ohne feste Formen kann man den Morgen und den Abend geistlich gestalten. Es muss nicht immer eine kleine Liturgie sein, manchmal genügt auch ein Gedanke. Drei solcher Gedanken möchte ich vorstellen: das Gebet vor dem Spiegel, mit der Tageszeitung und mit dem Terminkalender, sowie das Abendgebet an der Türklinke.

DAS GEBET VOR DEM SPIEGEL

Nachdem ich mich eine Nacht lang mehr oder weniger von der Wirklichkeit verabschiedet hatte, tauche ich zwangsläufig morgens vor dem Spiegel wieder auf. Das Erste, was ich vom neuen Tag zu sehen bekomme, ist mein eigenes Gesicht. Das Gesicht, das sich mir frühmorgens im Spiegel darbietet, ist verschlafen, unsortiert. Ich muss mich rasieren, sehe unordentliche Haare: ein Gesicht, für das man etwas tun muss. Ich schaue es an und sage: Ich kenne dich zwar nicht, aber ich wasche dich trotzdem! Das erste Morgengebet besteht nun darin, dass ich mir in Ruhe sage: Dieser Mensch, den ich da sehe, ist von Gott geliebt und bejaht!

Vielleicht frage ich mich in der ersten Morgenträgheit: Was ist an dem da schon liebenswert? Aber das ist *meine* Frage – nicht Gottes Frage. Gott liebt uns nicht nur dann, wenn wir in Hochform sind, wenn wir etwas Besonderes geleistet haben, wenn wir einmal selber mit uns zufrieden sind. Gott liebt uns, wie wir sind, und so nimmt er uns an. Das ist ja gerade das Wesentliche am Christentum: leistungsfrei angenommen sein um Christi willen.

Diesen Gedanken, dass Gott mich liebt, soll ich morgens vor dem Spiegel so lange aushalten, bis ich ihm zustimme. Bis ich sage: Diesen Menschen, den ich da im Spiegel sehe, den liebe ich auch. Ich sag zu ihm: ja. Ich nehme ihn an, so wie er ist.

Man erkennt den Erfolg dieses Gebets daran, dass sich auf dem Gesicht im Spiegel ein leises Lächeln ausbreitet. Dann kann man getrost Amen sagen. Ein solches Gebet hat überhaupt nichts mit Selbstbespiegelung zu tun. Aber es hat viel damit zu tun, dass man ernst macht mit dem Hauptgebot unseres Glaubens: *Liebe Gott, und liebe deinen Nächsten wie dich selbst!* Wenn ich das morgens vor dem Spiegel versuche, diesen Menschen da anzunehmen, indem ich ihn anlächeln kann, dann habe ich viel für den Tag getan, der eben beginnt.

Das Gebet mit der Tageszeitung

Ein weiteres Morgengebet ist das Gebet beim Durchblättern der Zeitung. In den Schlagzeilen erfahre ich, was die Redaktion für wichtig hält. Wenn ich dann auch noch die Artikel lese, bin ich um viele Fragen und Sorgen reicher. Was ist das für eine Welt, in der wir leben? Aber ich lese auch von guten Taten und richtungweisenden Ideen.

Glauben und Leben dürfen sich nicht allzu weit voneinander entfernen. Das ist schlecht für beide. Der Glaube wird wirklichkeitsfremd, das Leben wird leer und oberflächlich. Das Gebet beim Durchblättern der Zeitung besteht darin, dass ich das alles lese im Gedanken an Gott; dass ich ihm so manches Rätsel anvertraue, ihn um Vergebung bitte für so manches Schlimme oder gar Böse, ihn um Hilfe bitte für Menschen in Krisengebieten und persönlicher Not. Wenn ich beim Lesen der Tageszeitung an Gott denke, habe ich viel für die Verbindung von Glauben und Leben an diesem Tag getan. Und wer gar nicht weiß, was er beten soll, der lese einfach die Zeitung.

Das Gebet mit dem Terminkalender

Im Terminkalender sehe ich, was ich heute alles tun muss, wen ich anrufe, wen ich treffe, was für Gespräche es heute gibt. Jeden Tag ist da manches, auf das ich mich spontan freue, und anderes, was ich gerne umgehen würde. Es gibt Begegnungen, bei denen eine gute Verständigung nicht sicher ist. Der Terminkalender erinnert mich an die Menschen, mit denen ich an diesem Tag zusammenkomme.

Ich darf denken: Jeder dieser Menschen ist ein von Gott geliebter Mensch. Diesen Gedanken halte ich so lange aus, bis ich ihm zustimme. Ich werde dann einen Menschen anders begrüßen, ihm anders zuhören, werde etwas von der Weisheit verwirklichen, dass der wichtigste Mensch in meinem Leben derjenige ist, mit dem ich eben jetzt zusammen bin.

Wenn ich so – im Blick auf den Terminkalender – an Gott denke, habe ich viel für den Tag getan. Das Alltägliche hat viel mit Gott zu tun, denn auch die Liebe muss sehr alltäglich sein, wenn sie etwas bewirken will.

DAS ABENDGEBET AN DER TÜRKLINKE

Vor dem Spiegel, mit der Tageszeitung und dem Terminkalender, das alles sind eher Gebete am Morgen. Am Abend komme ich nach Hause, beladen mit vielen Begegnungen, Problemen und Sorgen. Das alles will mit mir nach Hause gehen, es liegt mir auf den Schultern, will mich belasten, macht mir das Herz schwer.

Wie werde ich den Stein los, der mir auf dem Herzen liegt? Wohin damit? Wie halte ich meine Nacht frei von Sorgen, sodass ich ruhig schlafen kann? »Ein gutes Gewissen ist ein sanftes Ruhekissen«, sagt der Volksmund. Aber manchmal sind es ja auch Dinge, die außerhalb meiner selbst liegen, die ich nicht verursacht habe und die ich nicht ändern kann; die ich oft nur mitleidend und solidarisch aushalten muss.

Diese belastenden Dinge werde ich nun los an der Türklinke meines Hauses, meiner Wohnung oder meines Zimmers. Indem ich die Türklinke herunterdrücke, kommt ein kleiner Seufzer, ja ein tief empfundenes Gebet durch mein Herz (und vielleicht auch über die Lippen), in dem ich sage: »Gott, ich vertraue deiner Sorge an, was ich jetzt nicht mehr ändern kann. Beschütze und segne alle, an die ich jetzt denke, bewache du meine Sorgen gut, und lass mich morgen an ihnen weiterarbeiten, wenn es nötig ist.«

Den Erfolg dieses Gebets erkennt man daran, dass tatsächlich alle Sorgen vor der Tür bleiben. Und außerdem soll sich kein Mensch so wichtig nehmen, dass er alle Probleme dieser Welt lösen könnte. Das kann niemand, und schon gar nicht über Nacht. Vielleicht sind über Nacht nicht alle Sorgen weg, aber sie sind zumindest gut aufgehoben, bis ich mit Gottes Geleit und in seinem Namen neu beginnen kann. Ich habe meine Sorgen »gehimmelt«, damit sie »geerdet« werden, wenn die Zeit dafür da ist: am anderen Morgen. Gott soll mich davon nicht etwa befreien, ich möchte selbstbewusst leben. Aber sein Heiliger Geist, der göttliche Atem, kann mich davor bewahren, an meinen Sorgen zu ersticken.

Die Auswertung des Tages

Die Auswertung des Tages vor Gott, das aufmerksame Befragen des konkreten Lebens im Gebet, nannte man früher »Gewissenserforschung«, doch man verbindet heute mit diesem Wort eher die Frage nach Sünde und Versagen, immer unter dem schlimmen Verdacht, das Christentum sei eine Erziehungsanstalt zur Verbesserung des guten Anstands. Oder, noch schlimmer, die Oberhirten würden ihren Schafen nur

Sünden einreden, um sie ihnen später wieder gnädig abzunehmen. Oder, noch viel schlimmer, das Göttliche sei nichts weiter als das personifizierte schlechte Gewissen.

Deshalb wird die Auswertung des Tages nicht »Gewissenserforschung«, sondern »Gebet der liebenden Aufmerksamkeit« oder »Gebet der Verantwortung« genannt, wenn sie allein geschieht, und »Revision de vie«, wenn sie in einer Gemeinschaft praktiziert wird. Letzteres kann man mit »Rückschau auf das Leben« oder schlicht mit »Lebenserneuerung« – denn darum geht es – übersetzen.

Beim »Gebet der liebenden Aufmerksamkeit« geht es um das Erfragen dessen, was Gott mir heute und hier zu sagen hat: ein betendes Nachdenken des Lebens vor ihm. Ich merke auf, um auf Gottes Wort Antwort zu geben durch mein konkretes Leben. Dieses Gebet beginnt mit einer Sammlung und setzt sich in drei Schritten fort, die meine Dankbarkeit, meine Fehler und Schwächen, aber auch Gottes Möglichkeiten mit mir zum Inhalt haben:

SAMMLUNG: Ich wähle mir einen Ort und eine Zeit, wo ich ungestört bin. Ich entspanne mich, atme gleichmäßig, ruhig und tief, und komme zur Ruhe. Ich mache mir bewusst: Ich bin auf Gott hin geschaffen, und Gott ist die Liebe (1 Johannes 4,8). Ich lasse mir genügend Zeit, bis dieses Bewusstsein, dass Gott gegenwärtig und aufmerksam ist für mich, in mir lebendig ist.

ERSTER SCHRITT – *Dank: Ich bitte Gott, seine Wohltaten an mir entdecken und annehmen zu können. Ich schaue mir in Ruhe an, was Gott an mir Gutes tut. Ich danke ihm dafür.*

ZWEITER SCHRITT – *meine Dunkelheit: Ich bitte Gott, meine Fehler und Sünden ehrlich sehen zu dürfen und davon liebevoll befreit zu werden. Ich schaue das Negative in mir an, jedoch ohne Angst. Ich danke Gott, dass er mich nicht beschämt, sondern mir verzeiht und Befreiung schenkt, die ich annehmen darf als sein Kind.*

DRITTER SCHRITT – *Gottes Möglichkeiten: Ich bitte Gott, Möglichkeiten eines neuen christlichen Lebensstils zu finden. Ich schaue auf Möglichkeiten, meine Freiheit verwandeln, erneuern zu lassen als Voraussetzung für neues Tun. Ich danke und spreche meine Hoffnung aus, denn ich weiß um Gottes Hilfe.*

Um meinen Tag vor Gott nachdenkend und betend durchzugehen, ist ein Leitfaden hilfreich, der mich den Tag aufschlüsseln lässt. Das kann der »Tagesfilm« sein, also alle Ereignisse des Tages in ihrer Reihenfolge, die ich vor meinem geistigen Auge vorüberziehen lasse; ein Ereignis, eine Begegnung, ein Gespräch, ein Wort, das ich neu unter die Lupe nehme. Ich kann mir das »Geschenk des Tages« ins Bewusstsein rufen, etwas Gelungenes, ein Glück, das ich heute erfahren durfte. Es kann auch eine Fehlhaltung sein, eine Schwäche, der ich immer wieder erliege; ein zu schreibender Brief, meine Unruhe, der fehlende Überblick.

Als Leitfaden können biblische Texte dienen (die Zehn Gebote: Exodus 20 / Deuteronomium 5; die Seligpreisungen der Bergpredigt: Matthäus 5,1–11; das Hohelied der Liebe: Erster Korintherbrief 13; die Lesungen des jeweiligen Tages). Modelle der Theologiegeschichte haben sich bewährt (die theologischen Tugenden Glaube, Hoffnung, Liebe; die Kardinaltugenden Klugheit, Gerechtigkeit, Tapferkeit, Maß; die leiblichen und geistigen Werke der Barmherzigkeit), oder auch der Blick auf die innere Haltung, die mein Verhalten derzeit prägt, meine Sicht- und Denkweisen, bedeutende Worte und Zitate, mein Tagebuch oder auch ein Wort, das jemand über mich gesagt hat.

Das »Gebet der liebenden Aufmerksamkeit« macht mich sensibel für die Stimme Gottes hinter den Ereignissen des Tages. Ich erkenne seine Handschrift immer deutlicher in manchem Rätselhaften auch an mir, das ich zunächst nicht verstehe. Wer ein bewusstes geistliches Leben führen will, sollte eine solche geistliche Abendbetrachtung halten.

Geschieht das Gebet in Gemeinschaft – »Revision de vie« –, so hören wir gemeinsam auf den Ruf Gottes im Alltag, sprechen darüber und machen im Austausch des Gehörten deutlich, dass wir Kirche sind, gemeinsam auf dem Weg. Eine gute geschwisterliche Korrektur ist hier inbegriffen, jedoch immer in Ehrfurcht voreinander. »Revision de vie« macht aufmerksam auf Gottes Liebe in meinem Leben und im Leben der anderen; sie ist keine Supervision und kein psychodramatisches Rollenspiel, kein Coaching und kein heißer Stuhl – sondern Gebet.

Das Gebet des Don Camillo

Wer kennt sie nicht, die amüsanten Auseinandersetzungen zwischen dem kommunistischen Bürgermeister Peppone und dem eifrigen Dorfpfarrer Don Camillo, geschrieben von Giovanni Guareschi, verfilmt und hundertmal im Fernsehen wiederholt? Don Camillo hat eine ganz eigene, unverkrampfte Beziehung zu seinem Herrn Jesus Christus, mit dem er spricht wie mit einem guten Freund. Jesus antwortet ihm vom Kreuz aus, macht den Dorfpfarrer immer wieder auf dessen eigene Schwächen aufmerksam, erträgt alle Menschlichkeiten, zeigt sich barmherzig auch gegenüber den Kommunisten und muss oft genug den übertriebenen und mitunter skurrilen Seeleneifer Don Camillos bremsen.

Von dieser einmaligen Art zu beten habe ich viel gelernt. Ich stelle zwei Stühle ins Zimmer, setze mich auf den einen und stelle mir vor, Jesus säße auf dem anderen. Oder ich stelle mich wie Don Camillo in die Pfarrkirche und schaue zum Kreuz. Und dann erzähle ich ihm alles, frei heraus, ruhig auch ein bisschen frech, emotional, aufgeregt. Ich stelle mir vor, was er mir antworten würde – und merke dabei, dass ich ihn und mich selbst weit besser kenne, als ich bisher dachte. Denn schnell merke ich, dass ich barmherziger mit der Welt, mit den Menschen und vor allem mit mir selbst sein muss. Meine Diskussion mit Jesus holt mich immer wieder auf den Boden der Tatsachen zurück.

Das Gebet des Don Camillo ist wunderbar, um Dampf abzulassen. Die Menschen, die mich belasten, muss ich dann nicht mehr auf den Schultern tragen, denn das ist viel zu schwer. Ich kann sie aber ins Herz schließen, nachdem ich Jesus alles erzählt habe, er mich beruhigt hat, ich barmherziger geworden bin und gebetet habe für alle, die mich ärgern. Das Gebet ist aber auch gut, um eine freundschaftliche Ebene mit Jesus Christus zu finden; zu ihm, der gesagt hat:

Es gibt keine größere Liebe, als wenn einer sein Leben für seine Freunde hingibt. Ihr seid meine Freunde, wenn ihr tut, was ich euch auftrage. Ich nenne euch nicht mehr Knechte; denn der Knecht weiß nicht, was sein Herr tut. Vielmehr habe ich euch Freunde genannt; denn ich habe euch alles mitgeteilt, was ich von meinem Vater gehört habe. Nicht ihr habt mich erwählt, sondern ich habe euch erwählt und dazu bestimmt, dass ihr euch aufmacht und Frucht bringt und dass eure Frucht bleibt. Dann wird euch der Vater alles geben, um was ihr ihn in meinem Namen bittet. Dies trage ich euch auf, dass ihr einander liebt.
(Johannes 15,13–17)

Das Schweigegebet mit einer Frage

Oft verstehe ich mich selbst nicht mehr. Ich möchte mich den Menschen zuwenden, aber sie fallen mir zur Last. Ich möchte freundlich sein, aber ich funktioniere nur. Ich möchte glauben, doch mein Gebet bleibt oberflächlich und formal. Ich weiß, dass Gott mich auch jetzt noch annimmt und hört. Er hat das alles ja selbst mitgemacht: Er kennt den übervollen

Tag, die lange müde Nacht, die vielen Anforderungen, denn er ist ja ganz und gar Mensch geworden in Jesus Christus. In solchen Situationen wird mir das Gebet zur Frage. Warum auch nicht? Ich schweige mit einer Frage – zunächst auf den Lippen, dann auch im Herzen, schließlich nur noch im Herzen.

Manchmal verstummt die Frage dann, manchmal bleibt sie bedrängend; immer jedoch spüre ich, dass er mir nahe geblieben ist. Das Schweigegebet mit einer Frage ist ganz einfach. Immer wieder sage, denke, meditiere ich vor Gott ein kleines Wort:

Herr, wo ist mein Herz?
Wer bin ich vor dir?
Was willst du heute von mir?

Dieses Gebet ist ganz persönlich, ganz intim: Ich vertraue mich ihm an, gerade in meiner Schwäche. Und spüre, dass er an mir handelt und mich mit neuem Vertrauen stärkt.

Fürbitten

»Ich denke an Sie«, so verabschiede ich mich manchmal von kranken oder alten Menschen. Ich meine damit: »Ich bete für Sie«, doch das klingt mir manchmal zu aufgesetzt. Trotzdem versteht es jeder. Das Gebet füreinander ist ein Zeichen der Verbundenheit. In den Fürbitten bringe ich die Welt vor Gott. Und das nicht, um ihn an etwas zu erinnern, was er nicht schon wüsste, sondern in Solidarität mit allen Menschen, besonders mit den Leidenden.

Es gibt Menschen, die sagen es; andere, die hoffen es; wieder andere, die brauchen es: dass ich für sie hingehe zu Gott, da sein muss bei ihm für manchen, der nicht zu ihm kommen kann, der nicht mehr beten kann, der längst stumm geworden ist oder seinen Glauben verloren hat. Man kann das Stellvertretung nennen; ich nenne es lieber Solidarität vor Gott, eine Solidarität im Schweigen, Erdulden und Leiden, im Warten, im Beten und Sprechen.

Fürbitten gibt es im Gottesdienst der Christinnen und Christen, »Gebet der Gläubigen« oder auch »Allgemeines Gebet« genannt. Sie sind »Bitten für«, also nicht für einen selbst, sondern für andere. Man darf sie niemals appellativ missbrauchen, um die Gemeinde zu belehren. Beten soll Ausdruck freien und befreienden Glaubens sein, der zur Tat motiviert, sie aber nicht vorschreibt. In Gebet und Glauben geht es um Haltung, nicht bloß um Verhalten. Man soll auch Gott nichts vorschreiben, sondern die Anliegen und Menschen einfach vor ihn bringen, ohne genau zu sagen, was er damit konkret tun soll. Es genügt, darauf zu vertrauen, dass er zuhört und sich für uns interessiert.

Fürbitten im Gottesdienst haben eine bestimmte Reihenfolge: vom Großen zum Kleinen, vom Globalen zum Persönlichen, vom Allgemeinen zum Besonderen. Die klassische Reihenfolge ist das Gebet für die Kirche, für die Verantwortlichen in der Welt, für Menschen in Not, für die Gemeinde, für die Verstorbenen. Sie richten sich an Gott-Vater oder an

Jesus Christus. Freie Fürbitten, gesprochen von der feiernden Gemeinde, sind besonders aktuell und glaubhaft. Man kann dafür auch eine Struktur vorgeben und dann jeweils Zeit lassen für persönliche Anliegen, laut oder leise gesprochen, zum Beispiel so:

Für die christlichen Kirchen und Gemeinschaften in aller Welt: um lebendigen Glauben und verantwortliches Handeln in dieser Zeit (...) Für die Gemeinschaft der Menschen: für ein friedvolles Zusammenleben der Völker; für alle, deren Verantwortung entscheidend ist für Frieden und Freiheit (...) Für alle Menschen in Not, Krankheit und Verzweiflung, und auch für alle, die ihnen beistehen (...) Für die Menschen in unserer Umgebung, für die Gemeinschaften, in denen wir leben: um ein Leben in Dankbarkeit und Treue (...) Für die Sterbenden und für unsere Toten: um Teilnahme am Leben des auferstandenen Herrn (...)

Fürbitten in persönlichen Gebetszeiten sind eine ganz eigene Art der Solidarität, der gelebten Sympathie (Mitleiden, Compassion). Wie und wo nenne ich die Menschen, denen ich mein Gebet versprochen habe? Wie kommt die Welt so glaubhaft in mein Gebet, dass mein Glaube zur Tat wird? Leide ich ganz diesseitig an und in dieser Welt mit – oder bleibt mein Glaube innerlich, jenseitig und abgehoben? Kommt mein Glaube also zu den anderen – oder bleibt er bei mir ganz allein?

Ich selbst führe ein kleines Notizbuch, in dem die Namen derer aufgeschrieben sind, an die ich betend besonders denken möchte. Manchmal verbinde ich das Fürbittgebet mittels dieses Büchleins mit meinen persönlichen Gebetszeiten. Oder ich spreche vor Gott einfach die jeweiligen Namen aus, verbunden mit einer Bitte oder einem Segenswunsch. Für und mit einem Menschen, mit dem ich mich durch viele Glaubenserfahrungen besonders verbunden weiß, spreche ich jeden Tag den 63. Psalm – im Plural:

> *Gott, unser Gott bist du, dich suchen wir, es dürstet nach dir unsere Seele. Nach dir schmachtet unser Fleisch wie dürres, lechzendes Land ohne Wasser. Darum halten wir Ausschau nach dir im Heiligtum, zu sehen deine Macht und Herrlichkeit. Denn deine Huld ist besser als das Leben. Unsere Lippen werden dich rühmen. So preisen wir dich in unserem Leben, in deinem Namen erheben wir unsere Hände. Wie an Fett und Mark wird satt unsere Seele, unser Mund lobt dich mit jubelnden Lippen. Wir gedenken deiner auf unserem Lager und sinnen über dich nach, wenn wir wachen. Ja, du wurdest unsere Hilfe, wir jubeln im Schatten deiner Flügel. Unsere Seele hängt an dir, fest hält uns deine Rechte.*
> (vgl. Psalm 63,1–9)

Fürbitten als Zeichen der Verbundenheit untereinander und der Solidarität mit den Anliegen und Sorgen der Welt im Angesicht Gottes: Geht das auch für die Toten? Was bedeutet es, für Verstorbene zu beten? Es bedeutet sicher nicht, »arme

Seelen« zu retten. Weil durch Jesus Christus jede und jeder von uns erlöst ist, gibt es überhaupt keine »armen Seelen«. Wer sollte dermaßen überheblich über einen verstorbenen Mitmenschen reden dürfen? Vor dem ewigen Nichts sind wir längst bewahrt, wenn wir auch auf Gottes Liebe und Versöhnung immer angewiesen bleiben. Der Himmel ist offen, das ist uns bereits in der Taufe zugesagt worden. Was wäre das auch für ein Gott, der irgendwelche Gebete bräuchte, um Menschen in den Himmel holen zu können? Was wäre dann mit den Verstorbenen, für die niemand betet?

Solch ein »Gott« wäre eine abhängige, schwächliche Maschine, ein grausamer Despot, aber nicht der Gott und Vater Jesu Christi. Denn er ist ein barmherziger Gott, der uns dazu erschaffen und erlöst hat, auf ewig bei ihm zu sein. Das Gebet für die Verstorbenen ist ein Zeichen der Solidarität und Gemeinschaft über den Tod hinaus, es ist mehr ein Gedenken als eine Fürbitte. Wir haben einen Namen vor Gott, und dieser Name bleibt. Deshalb ist es ein schönes Zeichen, den Namen eines Verstorbenen zu nennen, im Gottesdienst und beim persönlichen Beten. Das zeigt an: Du bist nicht vergessen, auch jetzt nicht! Das Gebet für die Verstorbenen ist Hoffnung, Solidarität über den Tod hinaus. Es ist ein Gedenken daran, dass sie bereits vollendet und durch Gott auf ewig mit uns verbunden bleiben.

Rosenkranz

Gebetsmethoden, die auf Wiederholung angelegt sind, finden die einen langweilig und abgedroschen, ein monotones Geleier. Andere haben diese Methoden ganz neu für sich entdeckt, für sie sind sie voller meditativer Faszination. Rosenkranzbeten geht ohne besondere Konzentration und daher auch schon mal nebenbei – beim Autofahren und auf dem Fahrrad, beim Wandern und Schwimmen. Und wenn einem alle Worte fehlen, wenn man nicht mehr weiterweiß, dann flüchtet sich das Herz in diese alten Wiederholungen. Statt dem Zwang zur Kreativität zu erliegen, klammert sich der kleine Glaube an immer gleiche große Worte und stellt sich demütig in sie hinein.

Die Gebetsschnur ist eine muslimische Erfindung zum Abzählen der 99 Namen Allahs; sie hat 33 Perlen, wird also dreimal wiederholt, durchgebetet. Im Mittelalter kam diese Gebetstechnik nach Europa und erhielt im Christentum eine neue Bedeutung als Laienpsalter. Auch im Buddhismus und Hinduismus werden heilige Worte, sogenannte Mantras, durch das Drehen von Gebetsmühlen unablässig wiederholt. Die Perlen der buddhistischen Mala sind eine Meditationshilfe für kraftvolle Silben, Wörter und Namen.

Wiederholung bedeutet im Wortsinn: etwas zurückholen, erinnern, wieder und wieder hineinholen in die Gegenwart. Wiederholung, in der geistlichen Tradition auch »ruminatio« (Wiederkäuen) genannt, bedeutet Versenkung in Gottes Gegenwart, Hinwendung des Herzens, Betrachtung des Wesentlichen, aber auch eine Art von Trance, um Zeit und Raum aufzubrechen auf das Geheimnis Gottes hin. Viele Rosenkranzbeter sind mit kindlichem Gemüt und Vertrauen gesegnet. Sie werden anderen zum Segen, wenn sie ihre Gebetsform nicht zum Dogma erheben.

Die gebildeten Mönche des Mittelalters beteten jeden Tag den ganzen Psalter: 150 Psalmen. Die einfachen Laienbrüder und das gläubige Volk jedoch konnten nicht lesen. Statt der Psalmen beteten sie zunächst 150 Vaterunser, denn das konnten sie auswendig. So hatten auch sie ihren Psalter. Später, als die Marienfrömmigkeit aufzublühen begann, ersetzte man die vielen Vaterunser durch ebensoviele Ave Maria, teilte das Ganze in freudenreiche, schmerzhafte und glorreiche Geheimnisse ein und zählte die Gebete mit der aus dem Islam übernommenen Gebetsschnur ab: drei Geheimnisse mal fünf Gesätze (ein Gesätz = ein Satz Perlen) mal zehn Ave Maria gleich 150 Gebete, umrahmt durch Vaterunser und Ehre sei dem Vater (übrigens eine Rechnung wie im Islam: dreimal 33 gleich 99). Der Rosenkranz war ein Psalter für Unbelesene, er ist das Stundengebet der einfachen Leute.

Ein Zugang zum Rosenkranzgebet liegt in der meditativen Wiederholung. Wesentliches kann man immer wieder sagen, Wichtiges wird niemals langweilig, das Herz liebt die Wiederholung als immer neue Erinnerung. Im Mittelpunkt steht dabei nicht das gesprochene Wort, sondern der Sinn, das Thema der Meditation. Das gesprochene Wort ist ein Klangteppich, eine geistliche Zeiteinteilung für das eigentliche Gebetsgeschehen. Während die Lippen sich irgendwann von selbst bewegen, meditiert der Geist über das Leben Jesu, und zwar aus der Sicht seiner Mutter Maria. Das ist eine schlichte, aber keine schlechte Art, das Leben des Erlösers zu bedenken, hat ihn seine Mutter doch zeitlebens begleitet. Man geht mit Maria den Weg Jesu – von der Verkündigung seiner Geburt über die Passionsgeschichte bis zur Auferstehung und Geistsendung, ja noch weiter: bis zur Vollendung Marias selbst durch ihren Sohn bei Gott.

Neben diesem klassischen Rosenkranzgebet gibt es Neuschöpfungen, zum Beispiel den Christus-Rosenkranz, bei dem das Ave Maria durch ein Christusgebet ersetzt wird. Diese Form hat sich bei Wallfahrten und in der Ökumene besonders bewährt. Man kann auch eigene Gesätze erfinden – biblische, aktuelle, auf die betende Gemeinschaft bezogene. Vorsicht ist da geboten, wo die Gebetsschnur selbst, der Rosenkranz als Perlenkette, zum Talisman verkommt, wie man es bei Fußballstars und Popsängern, aber auch an Autorückspiegeln sehen kann. Die Anhänger einer bestimmten reaktionären katholischen Subkultur bedienen sich des Rosenkranzes mehr als Waffe denn als Gebetseinteilungsgerät. Doch er ist nichts als eine Zählmaschine, ein Zeitmesser für die Meditation. Eine solche Zeiteinteilung ist wichtig für jede Meditation, denn wenn man nicht weiß, wann sie aufhört, hat man nicht die innere Ruhe, überhaupt damit zu beginnen. Jedes Gebet braucht Anfang und Ende, Rhythmus und Struktur, denn nur gegliederte Zeiten sind erträgliche Zeiten.

Mir zu eigen gemacht

Es gibt formulierte Gebete, die sprechen mich sofort an. Mit einigen dieser Texte gehe ich schon seit Jahren durchs Leben. Es sind biblische Gebete, die ich auswendig kann, es sind Texte von John Henry Newman, Dietrich Bonhoeffer, Huub Oosterhuis, Karl Rahner, Jörg Zink, Johannes Hansen und Hermann Josef Coenen sowie Choräle aus den Kantaten und Passionen von Johann Sebastian Bach, den Oratorien Händels und Mendelssohn-Bartholdys, Lieder von Manfred Siebald und anderen.

Diese Texte drängen sich in Zettelkästen und Büchern, füllen Hängeregistraturen, Kladden und meinen Computer. Vor allem aber habe ich sie zur Hand, wenn ich sie brauche, sie fallen ohne besondere Anstrengung ins Leben ein und bilden mein ganz persönliches Gebetbuch. Ich brauche sie weit mehr als all die vielen Bücher, die sich in meiner Wohnung um mich drängen. Das, woraus ich lebe, ist ganz einfach und ganz wenig, eine eiserne Ration für alle Tage. Die tägliche Schriftbetrachtung beginne ich zum Beispiel immer mit demselben Gebet von John Henry Newman:

Ich brauche dich, Herr, als meinen Lehrer, tagtäglich brauche ich dich. Gib mir die Klarheit des Gewissens, die allein deinen Geist erspüren kann. Meine Ohren sind taub, ich kann deine Stimme nicht hören. Mein Blick ist getrübt, ich kann deine Zeichen nicht sehen. Du allein kannst mein Ohr schärfen und meinen Blick klären und mein Herz reinigen. Lehre mich, zu deinen Füßen zu sitzen und auf dein Wort zu hören.

Es lohnt sich, mit den Texten, die zu sprechen begonnen haben, sorgfältig umzugehen, sie zu sammeln, abzuschreiben, zu sortieren, auswendig zu lernen. Mit einem Text verbindet sich in der Erinnerung häufig eine tiefe Glaubenserfahrung. Sollte ich jemals in eine Situation kommen, wo mir alles genommen wird, dann gibt es eine große Anzahl an Gebetsworten, die mich tragen werden. Und viele Erinnerungen, die ihre geistliche Kraft entfalten.

Anbetung

Unter Anbetung verstehen die katholischen Christinnen und Christen das Verweilen vor der heiligen Eucharistie, dem ausgestellten, »ausgesetzten« Brot des Abendmahls. Bei den Mitgliedern der anderen Konfessionen und Freikirchen steht Anbetung aber auch für den Lobpreis Gottes, für das betende und vor allem singende Staunen über seine Größe und Liebe (»worship«). Beide Richtungen kommen darin überein, dass es nur einen gibt, den wir anbeten können: Gott selbst. Christen gehen vor niemandem in die Knie, nur vor dem lebendigen Gott und vor seinem Sohn Jesus Christus.

Wie kam es zur Anbetung der heiligen Eucharistie, der bleibenden Gegenwart Jesu Christi im Brot des Abendmahls, oder, wie man bisweilen noch hören kann, im »Allerheiligsten Altarssakrament«? Durch die Inkulturation ins Germanentum seit dem Ende der Antike waren magische und von daher angstmachende Vorstellungen von Gott, von den Sakramenten sowie von der Kirche und deren Amtsträgern ins Christentum eingedrungen. Das war eine kulturelle Degeneration – das Christentum war in der Antike eine supermoderne Religion, doch es ähnelte durch den Einfluss der Germanen schließlich wieder einer archaischen Naturreligion!

Auf diese Weise entstand bis zum 13. Jahrhundert auch eine eigenartige Eucharistie- und Kommunionfrömmigkeit. Aus übergroßer Sündenangst und der Vorstellung der eigenen Unwürdigkeit ging der Kommunionempfang drastisch zurück. An dessen Stelle trat die sogenannte Augenkommunion, das andächtige Anschauen der Hostie, verbunden mit vielen magischen Missverständnissen und obskuren Vorstellungen. Als die Andacht vor dem ausgesetzten Allerheiligsten in der Volksfrömmigkeit schließlich wichtiger wurde als die Messfeier selbst, musste die Kirche den jährlichen Kommunionempfang (in der Osterzeit) regelrecht anordnen. Das Entstehen des Fronleichnamsfestes (fron = Herr, lichnam = Leib) am Donnerstag nach der ehemaligen Pfingstoktav, dem heutigen Dreifaltigkeitssonntag (Trinitatis), sozusagen als Feier des Gründonnerstags außerhalb der Karwoche, war der Höhepunkt dieser nicht ganz unproblematischen Entwicklung. Denn die Eucharistie ist ein erinnerndes Vergegenwärtigen, sie ist das Einswerden mit Jesus Christus durch den Empfang der heiligen Kommunion, die gegessen und nicht nur angeschaut werden soll.

In der Auseinandersetzung mit der Reformation schließlich wurde das Fronleichnamsfest mit seiner eucharistischen Schaufrömmigkeit zu einer Demonstration des katholischen Glaubens schlechthin. Die Reformatoren wandten sich – schriftgemäß zu Recht – gegen die Anbetung und traten für die Teilnahme am Abendmahl ein. Die Angst, unwürdig zu sein, sorgte dann aber in der evangelischen Kirche dafür, dass das Abendmahl kaum noch gefeiert wurde; zumindest der Pfarrer hätte ja kommunizieren müssen. Katholische und evangelische Christen waren sich also in ihrer »frommen« und ängstlichen Abneigung gegen den Kommunion- bzw. Abendmahlsempfang überraschend einig. Die Fronleichnamsprozession der Katholiken mit ihren barocken folkloristischen Ausgestaltungen geriet daher immer mehr zum unterscheidenden Konfessionsmerkmal: Die Katholiken schauten an, statt zu kommunizieren, und die Protestanten ließen das Feiern ganz, weil sie nicht nur schauen wollten. Angst vor Gott hatten sie offensichtlich beide.

Die Anbetung hat also eine schwierige Geschichte und wird noch heute von manchen katholischen Splittergruppen mehr magisch als mystisch missbraucht. Tatsächlich schlummert in einer eher statischen als dynamischen, also mehr auf das Anschauen als auf das Feiern gerichteten Frömmigkeit die Versuchung, dass man Gott dingfest machen möchte, seiner habhaft werden und ihn für seine eigenen Zwecke gebrauchen will. Das »Goldene Kalb« des Alten Testaments (Exodus 32–34) war ja kein Götze, sondern ein falsch verstandener Gott, den man anfassen, anschauen, anbeten wollte, dem man Opfer darbrachte, um ihn gebrauchen, ja, einen Handel mit ihm treiben zu können. Das »Goldene Kalb« war also ein »Gottesbild«, das durch die Funktionalisierung der Religion zum Götzenbild geworden war. Nachdem dieses Goldene Kalb durch Mose vernichtet worden war, wurde das Offenbarungszelt JHWHs außerhalb des Lagers aufgestellt. Man musste sich wieder zu ihm aufmachen, er war nicht mehr dingfest zu machen. Gott ist nicht einfach zu »haben«! Und genau hierin liegt auch die Versuchung der eucharistischen Anbetung: Gott »haben« zu wollen, für sich allein und für eigene Zwecke.

Hinzu kommt die Tradition der goldenen Monstranz, die jenes Ursymbol des Glaubens verdunkelt, um das es eigentlich geht: das Brot. Mein Brot teile ich mit jedem, der bei mir zu Gast ist, mein Gold – wenn ich welches besäße – nicht unbedingt. Die goldene Monstranz, eigentlich zur größeren Ehre Gottes geschaffen und ursprünglich nur ein Zeigegefäß für das eucharistische Brot, stellt längst das Geheimnis in den Schatten, um das es geht. Das Gold frisst das Brot!

Wie also anbeten, eucharistisch? In Seminaren und Exerzitien stelle ich das Brot der Eucharistie in einer einfachen Schale auf den Altar. Wir werden still, unser Schweigen erfährt seine Orientierung auf Jesus Christus hin. Wir bleiben uns bewusst: Der Höhepunkt aller eucharistischen Frömmigkeit bleibt die Eucharistiefeier, die heilige Messe, in der wir Jesus Christus in Brot und Wein empfangen, kommunizieren mit ihm und untereinander, damit er uns verwandeln kann und wir in seinem Namen die Welt verändern. Wir setzen keine goldene Monstranz aus, sondern wir setzen uns selbst aus: seinem liebenden Blick, seiner Gegenwart unter uns. Wir wollen ihn nicht »haben«, sondern vor ihm verweilen und mit ihm leben. Wir sprechen und singen in ganz einfachen Worten und Tönen. Es tut gut, vor diesem Geheimnis zu verstummen, nicht mehr weiter zu wissen. Er schaut uns an, wir schauen ihn an – das genügt.

Und am Fronleichnamsfest? Eine Prozession mit dem Evangeliar macht uns deutlich, dass Christus gegenwärtig ist und höchstpersönlich zu uns spricht, wenn sein Wort verkündet wird. Nach dem Hochgebet folgt eine Prozession mit dem eucharistischen Brot und Wein, mit Schale und Kelch. Höhepunkt bleibt der Empfang der Kommunion, der sich an die Prozession anschließt. Jetzt tragen wir ihn in uns, jetzt will er durch uns handeln nach dem Wort des heiligen Augustinus: »Empfangt, was ihr seid: Leib Christi, damit ihr werdet, was ihr empfangt: Leib Christi.« Für dieses Sich-Aussetzen vor Gott muss man nicht katholisch sein: Wer ihn – und nur ihn! – anbetet, der setzt sich seinem Anspruch aus, seinem Blick und seiner Liebe.

Anbetung

Anbetung ist Dasein vor Gott –
ohne Nebenabsichten,
Ausdruck dafür, dass er die Mitte des Lebens ist.
So hat auch Jesus für seinen Vater gelebt.

Anbetung ist Verweilen in der Nähe des Herrn.
Beten heißt dann: liebend auf Jesus schauen
in seinem Wort,
in den Zeichen von Brot und Wein.

Anbeten heißt auch: sich bekehren,
alle Widerstände gegen Gott
hochkommen lassen,
sich von ihm lieben lassen,
sich ihm neu zuwenden.

Anbeten heißt: sich ihm aussetzen
mit allen Zweifeln,
aller Leere, Unruhe und Dunkelheit,
Leben unter dem Blick seiner Güte.

Anbeten heißt: sich von ihm befreien lassen
aus aller Härte, Enge und Angst
zur Freude daran, dass er Gott ist. Er allein!

Vaterunser

Das Vaterunser ist das Gebet der ganzen Christenheit. Jesus hat es seine Jünger gelehrt, als sie ihn darum gebeten hatten: »Herr, lehre uns beten« (Lukas 11,1). Ich selbst habe dieses Gebet nicht aus der Bibel gelernt, sondern von meinen Eltern. Zuerst habe ich nur die Laute imitiert. Ich durfte spüren: Das ist etwas Wichtiges, Heiliges. Irgendwann konnte ich es auch mit dem Herzen beten. Aber zuerst konnte es mein Mund. Meine Glaubenssprache ist also auf mich zugekommen, ich musste meinen Glauben und das Gebet nicht erst erfinden. Ich stelle mich mit dem Vaterunser und mit vielen anderen Gebeten in eine Erfahrung hinein, die immer größer ist, als mein eigener kleiner Glaube es je sein kann. Ich bekomme Anteil an den Glaubenserfahrungen der Generationen vor mir, ja, der ganzen Kirche als Gemeinschaft.

Das Vaterunser habe ich schon viele tausend Mal gebetet. Und doch entdecke ich darin immer wieder etwas Neues.

»Vater unser im Himmel, geheiligt werde dein Name«: Wenn Gott Vater ist, dann bin ich sein Kind, dann sind wir untereinander Geschwister. Wenn ich um diese Menschenwürde weiß und danach lebe, dann wird sein Name geheiligt, erst dann wird dieser Name »Unser Vater« für Menschen glaubwürdig und überzeugend. »Dein Reich komme, dein Wille geschehe wie im Himmel so auf Erden«: Wenn sein Wille geschieht – wenn ich so lebe, dass es seiner Absicht entspricht –, dann kommt sein Reich, heute und hier. »Unser tägliches Brot gib uns heute«: Ich darf um alles bitten, was jeder jeden Tag braucht, so nötig wie das tägliche Brot. Aber zum Lückenbüßer, zum Erfüllungsgehilfen meiner persönlichen Wünsche darf ich ihn nicht machen. »Und vergib uns unsere Schuld, wie auch wir vergeben unsern Schuldigern«: Gott vergibt immer zuerst, ohne Bedingung und Vorleistung. Aber ich kann seine Vergebung nur dann glaubhaft erfahren, wenn ich selber Vergebung zu schenken bereit bin. Wer immer nur kleinkariert jeden Fehler der anderen nachhält, wer niemals großzügig ist, der kann auch nicht an einen großzügigen Gott glauben. Die Vaterunser-Version im Matthäusevangelium spricht wörtlich gar nicht von Schuld, sondern von Schulden, die nicht zu vergeben, sondern zu erlassen sind (Matthäus 6,12). Gemeint ist also nicht die Sündenvergebung, die Gott gewährt und die wir untereinander gewähren sollen (die Verse Matthäus 6,14–15 sind später von der Gemeinde hinzugefügt worden). Gemeint ist vielmehr, dass wir Schulden haben bei Gott, und zwar Schulden, die wir weder zurückzahlen können noch müssen, nämlich die unendlich große Liebe Gottes. »Und führe uns nicht in Versuchung, sondern erlöse uns von dem Bösen.« Mit dieser Vaterunser-Bitte bin ich lange nicht klargekommen: Kann denn Gott in Versuchung führen? Nein, das wird er nicht tun. Viel besser wäre: »Und führe uns in der Versuchung!« Aber ein Gebet spricht ja immer aus der Sicht des Menschen, nicht aus der Sicht Gottes. Tatsächlich, es gibt eine Versuchung für die Frommen, eine doppelte Versuchung für die Glaubenden: Fanatismus und Fatalismus.

Dem Fanatismus begegne ich häufig in den Nachrichten, wenn ich von religiösem Terrorismus höre. Da sind Menschen, die meinen, von Gott und der Welt alles genau zu wissen. Sie identifizieren sich so sehr mit dem, den sie für ihren »Gott« halten, dass sie sich ganz auf seiner Seite glauben, selbst dann, wenn sie dabei über Leichen gehen. Weil sie ja genau wissen, wer Gott ist und was er will, meinen sie, Gott wolle genau das, was sie selbst für richtig halten. Letzten Endes machen sie sich damit selbst zu Gott, und das ist die Urversuchung, die Ursünde. Solche Fanatiker gibt es in allen Religionen vom Nahen Osten bis zum Wilden Westen: hartherzige Besserwisser, religiöse Terroristen mit oder ohne Waffen.

Die andere Seite der frommen Versuchung heißt Fatalismus, und der ist hierzulande viel öfter anzutreffen und für uns Europäer auch viel gefährlicher. Der Fatalist denkt, er könne ja doch nichts machen. Er wäscht seine Hände in Unschuld und überlässt Gott die Welt, ihm ganz allein. Er denkt: »Wenn Gott die Welt anders haben wollte, dann hätte er sie bestimmt anders gemacht.« Oder: »Wenn er sie anders will, dann soll er sie doch selber ändern.« Verborgene Fatalisten gibt es unter den Christen reichlich. Sie reden fromm, aber eigentlich sind sie viel zu faul, sich die Hände schmutzig zu machen und wirklich etwas zu tun. Am wenigsten ändern sie sich selbst. Sie spüren nicht, dass die Gegenwart immer der Zeitpunkt ist, Gottes Namen zu heiligen, sein Reich Wirklichkeit werden zu lassen, nach seinem Willen zu fragen, miteinander das Brot zu teilen und einander zu vergeben. Verborgener Fatalismus tritt häufig als Gleichgültigkeit auf, die sich in frommes

Gerede hüllt, ein Hoch auf Religion und Tradition anstimmt, aber tiefgreifend nichts verändert. Vor solchen Versuchungen bewahre uns Gott!

Am Schluss gibt mir das Vaterunser dann doch viel Gelassenheit. Denn nur Gott wird uns letzten Endes vom Bösen befreien: »sondern erlöse uns von dem Bösen«. Ich kann viel dafür tun, dass sein Reich kommt. Aber aufrichten muss er es selbst. Mein Leben bleibt zeitlebens unvollendet, ich bekomme es einfach nicht fertig, von mir aus wird es niemals so gut werden, dass er etwas damit anfangen kann. Da gibt es viel geradezurücken, zurechtzurichten, zu ergänzen. Aber ich bin mir sicher: Gott wird es vollenden. Er wird das Böse ein für alle Mal aus der Welt schaffen. Dafür steht der Name Jesus Christus, mit dem sein Reich schon angebrochen ist: Es ist schon da, aber noch nicht vollendet. Wie Gottes Reich einmal aussehen wird, das liegt vor allem an ihm – aber auch an mir und uns.

Herzensgebet

Eine ganz eigenwillige, einfache und doch sehr intensive Gebetsform stammt aus unserer orthodoxen Schwesterkirche, der Ostkirche: das Jesusgebet. Die »Aufrichtigen Erzählungen eines russischen Pilgers« berichten, wie jemand dieses Gebet lernt. Es besteht darin, mündlich oder im Innern unaufhörlich ein kurzes Gebet zu wiederholen: »Herr Jesus Christus, erbarme dich meiner.« Das Wort Jesus, verstanden als heiliger Name, steht hier im Mittelpunkt der Aufmerksamkeit. Bringt man das Gebet in Einklang mit dem Rhythmus des Atems, so löst sich das Bewusstsein allmählich von dem, was die Stille und das Schweigen des Herzens stören kann, und sammelt sich auf Anbetung hin: Beim Einatmen spricht man »Herr Jesus Christus«, so als wolle man den Geist des Herrn in sich einlassen, beim Ausatmen spricht man »erbarme dich meiner«, so als könne das Erbarmen des Herrn unmittelbar Gelassenheit und Leichtigkeit schaffen. Wichtig ist, alle Gedanken, Gefühle und Wünsche auf den Namen Jesus hin zu konzentrieren.

Eine Hilfe bei der Sammlung und Konzentration auf den Namen Jesus können ein abgedunkelter und geräuschloser Raum sein, eine Gebetsschnur zur Einhaltung des Rhythmus', eine ruhige, gelassene Körperhaltung, die geistige Präsenz und Ehrfurcht vor dem Geheimnis Gottes zum Ausdruck bringt, wie beispielsweise das Sitzen auf einem Gebetshocker. Neben der Verbindung des Gebetswortes mit dem Ein- und Ausatmen gibt es auch eine Verbindung mit dem Rhythmus des Herzschlags, oder man legt bei der Anrufung des heiligen Namens die rechte Hand aufs Herz.

Bei der Fülle von Gedanken, Bildern und Vorstellungen, die durch den Kopf rasen und die Konzentration mindern, ist es hilfreich, diese einfach kommen und gehen zu lassen, anstatt sie durch Willensanstrengung zu bekämpfen. Man lässt die vielen Gedanken zunächst kommen, um sie in Ruhe weiterziehen zu lassen. Schließlich ist die Aufmerksamkeit beim Herrn, ohne sich besonders anzustrengen. Ich selbst stelle mir meine vielen Gedanken, die mich ablenken wollen, häufiger als Wolken vor: kleine weiße oder hohe dunkle Gewitterwolken, je nachdem. Aber ich lasse sie in Ruhe weiterziehen, weil ich sie jetzt nicht brauche, bis der Himmel vor meinem inneren Auge klar ist. Schließlich ist mein Herz frei und leer für das Jesusgebet, die Ausrichtung auf den Herrn. Ich komme dann ohne Bilder aus, bete regelmäßig, ruhig und rhythmisch, frei von Phantasie und Einbildung. Ich bin da vor ihm, das genügt. Schließlich wird aus dem noch mündlich gesprochenen Gebet ein geistiges, nur noch im Innern vollzogenes.

Wenn die Anrufung des heiligen Namens vom Geist ins Herz hinabgestiegen ist, spricht man vom Herzensgebet: Nicht mehr *ich* spreche dann zu ihm – das ist das »angestrengte« Gebet, sondern *er* spricht in der Mitte meines Herzens zu mir – das ist das »selbsttätige« Gebet, das »immerwährende« Gebet, das nur ganz selten gelingt. Es ist eine Gnade, so zu beten, und nicht das Ergebnis einer bestimmten Technik. Wer ruhig werden möchte, der versuche es deshalb mit dem gesprochenen Jesusgebet, verbunden mit dem Rhythmus des Ein- und Ausatmens. Die Ruhe, die aus dem Gebet kommt, ist schon eine besondere Erfahrung, ein großes Geschenk.

Schaffe Schweigen

Schweigen ist sicherlich die Hochform des Betens. Der Beter lässt sich anschauen von Gott. Er wird ganz und gar leer, nicht jedoch im esoterischen Sinn eines Leerwerdens für irgendeine Energie, sondern im Sinne einer Orientierung auf das Geheimnis Gottes hin, im Sinne einer Offenheit für ihn.

Søren Kierkegaard schreibt: »Als mein Gebet immer andächtiger und innerlicher wurde, da hatte ich immer weniger und weniger zu sagen. Zuletzt wurde ich ganz still. Ich wurde, was womöglich ein größerer Gegensatz zum Reden ist, ich wurde ein Hörer. Ich meinte erst, Beten sei Reden. Ich lernte aber, dass Beten nicht nur Schweigen ist, sondern Hören. So ist es: Beten heißt nicht, sich selbst reden zu hören. Beten heißt still werden und still sein und warten, bis der Betende Gott hört.« Und er fordert dazu auf, »Schweigen zu schaffen«.

Dieser Erfahrung kann ich zustimmen. Die Erfahrung des gefüllten, orientierenden Schweigens vor Gott ist jedoch zumeist eine Erfahrung nach allen gesprochenen Worten. Es ist gut, zunächst die Gebete der Bibel und der Glaubenstradition nachzusprechen, mitzusprechen, damit auch das Schweigen das Du Gottes nicht aus dem Blick verliert. Eine wichtige Anregung zum Schweigen finde ich in der Geschichte des Propheten Elija.

Elija stand auf, aß und trank und wanderte (...) vierzig Tage und vierzig Nächte bis zum Gottesberg Horeb. Dort ging er in eine Höhle, um darin zu übernachten. Doch das Wort des HERRN erging an ihn: Was willst du hier, Elija? Er sagte: Mit leidenschaftlichem Eifer bin ich für den HERRN, den Gott der Heerscharen, eingetreten, weil die Israeliten deinen Bund verlassen, deine Altäre zerstört und deine Propheten mit dem Schwert getötet haben. Ich allein bin übrig geblieben und nun trachten sie auch mir nach dem Leben.

Der HERR antwortete: Komm heraus und stell dich auf den Berg vor den HERRN! Da zog der Herr vorüber: Ein starker, heftiger Sturm, der die Berge zerriss und die Felsen zerbrach, ging dem HERRN voraus. Doch der HERR war nicht im Sturm. Nach dem Sturm kam ein Erdbeben. Doch der HERR war nicht im Erdbeben. Nach dem Beben kam ein Feuer. Doch der HERR war nicht im Feuer.

Nach dem Feuer kam ein sanftes, leises Säuseln. Als Elija es hörte, hüllte er sein Gesicht in den Mantel, trat hinaus und stellte sich an den Eingang der Höhle.

(1 Könige 19,8–13)

Dazu eine kleine lyrische Betrachtung:

Elija kann nicht mehr.
Leidenschaftlich hat er sich eingesetzt für seinen Gott.
Mit prophetischer Kraft hat er sich stark gemacht –
für den starken Gott Israels.

Und nun?
Alles scheint vergeblich.
Elija ist auf der Flucht.
Man trachtet ihm nach dem Leben,
und deshalb wünscht er sich den Tod.

Gott aber lässt ihn nicht allein.
Gestärkt mit Brot und Wasser,

wie durch Engelhand geführt,
wandert er zum Gottesberg Horeb –
dem Berg des Bundes,
dem Berg der Freiheit seines Volkes.

Hier, an diesem heiligen Ort,
lässt Gott sich erfahren:
nicht im Sturm, nicht im Erdbeben, nicht im Feuer.
Dieser Gott schockiert nicht mit Naturgewalten.

Elija spürt genau – Gottes stillschweigende Wesenheit!
Von Sturm, Erdbeben und Feuer bleibt er sichtlich unberührt.
Erst ein sanftes, leises Säuseln lässt ihn hörbar erahnen,
wer da auf ihn zuschweigt.
Nicht ein Wettergott ist Jahwe,
nicht eine Macht der niederreißenden Gewalt,
sondern ein stiller, sanfter Gott
der meditativen Zärtlichkeit.

Ein sanftes, leises Säuseln – unerhört!
Martin Buber, der jüdische Religionsphilosoph,
nennt es eine »Stimme verschwebenden Schweigens«.
Im »verschwebenden Schweigen«
singt Gott von seiner Berührbarkeit und Nähe.
»Als Elija es hörte, hüllte er sein Gesicht in den Mantel,
trat hinaus und stellte sich an den Eingang der Höhle.«

In diesem mystischen Element völliger Leere
sterben alle vertrauten Gottesbilder von Allmacht und Gewalt.
Gerade die Stille, das schweigende Nichts
wird zum schauerlich-ergreifenden Moment
von Gottes Gegenwart.

Gotteserfahrung ist mitschwingendes Anteilnehmen,
Resonanz des Ewigen,
Klang aus der Wesensmitte des Seins,
schweigendes Tönen nach dem Getöse dieser Welt.

Das Schweigen Gottes in der Berührbarkeit seines
Propheten Elija ist eine Grundhaltung des Glaubens:
- *in die Stille kann ich mich versenken,*
- *in die Arbeit nur vergraben,*
- *in die Ruhe kann ich eintauchen,*
- *in der Hektik nur untergehen.*

Stille ist eine Bewegung nach innen: Sie sammelt.
Lärm ist eine Ablenkung nach außen: Er zerstreut.

Jeder Klang will zur Stille reifen:
- *In vielen Musikstücken sind es gerade die Pausen, in denen*
  sich die innere Dramatik der Musik bis zum Äußersten
  steigert: Die Stille ist die Spannung in der Musik!
- *Und der Rhythmus besteht aus jenen pulsierenden Impul-*
  sen, die den Raum der Stille schöpferisch gestalten: Die
  Stille ist der Raum des Rhythmus'!

- *Rhythmus entsteht aus den Pausen zwischen den Impulsen. Kreativität entsteht in den Pausen zwischen dem Schaffen. Die Stille ist der Raum der Schöpfung!*

Die Stille ist sanft. Sie weckt Empfindungen.
Sie umschwebt uns schweigend:
nicht ohrenbetäubend wie der Lärm,
sondern herzergreifend wie die Liebe.

Nicht im Aufsehen erregenden Tun offenbart sich Gott,
sondern im hörbaren Sein.

Wenn mir einmal Hören und Sehen vergeht,
dann tauche ich ein in Gott,
der unerhört auf mich zuschweigt.
Ich werde ruhig in der Gnade des Schweigens.
Ich höre von Herzen die Stimme der Stille.

Meditation

Meditation ist ein Wort, das für alles Mögliche gebraucht wird: Vom bloßen Schweigen bis zur frommen Kurzgeschichte ist alles drin, auch der größte Wortmüll wird heute meditativ genannt, einfach wenn er leise und ruhig vorgetragen wird. Meditation kann einfach Üben bedeuten, eine Übung machen, nachsinnen und bedenken, oder auch: zur Mitte finden, von außen nach innen gehen. Sie darf wort- und gegenstandslos sein, aber niemals orientierungslos. Darin

unterscheidet sich die christliche Meditation von allen fern-
östlichen und esoterischen Methoden, die häufig unter ent-
täuschten Christinnen und Christen fröhliche Urständ feiern.

Vielen Menschen fällt es schwer, Gott als persönliches
Gegenüber anzusprechen, zu ihm wirklich du zu sagen und
damit dem Gebet eine Orientierung zu geben, die auf Beziehung hin angelegt ist. Nachdenken und Leerwerden vom
Stress des Alltags sind noch kein Gebet, sie können es aber
werden vor dem Du des lebendigen Gottes. Es kommt einfach darauf an, was man daraus macht.

Meditieren heißt für mich zuerst Empfangen. Das
Wichtigste ist, nicht unter Leistungsdruck zu geraten. Ich
muss nichts bringen außer das, was kommt. Ich muss mich
nicht konzentrieren, um alle meine Gedanken abzustellen.
Wenn ich aber meine Gedanken so ziehen lasse, dann sind sie
auf einmal nicht mehr wichtig. Dann kommt etwas Neues,
etwas Wesentliches in mir zum Vorschein. Da werde ich ganz
ruhig, atme gleichmäßig, spüre irgendwann: Gott lebt in mir,
er möchte mir etwas sagen, mich umfangen. Nachdem ich
also zunächst in Ruhe mir selbst begegne, trifft mich Gott,
begegnet er mir.

Konkret geht das so: Ich nehme mir Zeit und Raum,
setze mich bequem hin (welche Haltung ich dabei einnehme,
ist egal, aber eine bestimmte, immer gleichbleibende Haltung
braucht man schon), lasse alle Gedanken kommen, die da
sind. Nachdem sich etwas mehr Ruhe eingestellt hat, lese ich
aufmerksam ein Bibelwort, das ich vorher – und nicht während der Übung – ausgewählt und aufgeschlagen habe. Dann

gehe ich mit diesem Wort um, drehe es in Gedanken hin und her, bis es mir etwas sagt. Wenn es nicht gelingen will, ist das nicht schlimm, ich versuche es morgen wieder.

Manchmal schweige ich einfach im Angesicht Gottes, lasse mich anschauen von ihm, ohne irgendetwas zu wollen. Sein gütiger Blick macht mir häufig besser bewusst, sein Kind zu sein, als jede Beschäftigung mit der Bibel. Immer schließe ich mit einem Gebet ab, mit einem Du-Wort zu Gott. Wenn ich aus der Meditation aussteige, spüre ich jedes Mal ein großes Gefühl von Dankbarkeit. Und das, obwohl ich kein Mensch bin, der sich gut versenken kann.

Meine Meditation ist wie ein Meer: An der Oberfläche ist es unruhig, manchmal sogar stürmisch, aber je tiefer ich nach unten eintauche, desto ruhiger wird es. Ich darf mich nur nicht an der Oberfläche ärgern, sondern muss sie liebgewinnen: Auch sie gehört zu meinem Leben dazu! Nur: Die Oberfläche ist immer am weitesten vom Mittelpunkt entfernt. Ich kann durch meinen Lebensstil eine innere Atmosphäre schaffen, die meine Meditation, mein Zur-Mitte-Kommen, unterstützt, damit meine innere Leere sich nicht sofort mit Lärm zu füllen beginnt. Ich möchte tiefseits der Oberfläche leben, mit mehr Tiefgang, damit mein Lebensschiff geradewegs durch die Wogen und Wellen geht. Und ich möchte, dass meine Meditation kein Selbstzweck ist, kein Einswerden und keine Erleuchtung bringt, sondern Hingabe und Liebe zu Gott und den Menschen. Die Bewegung von außen nach innen soll sich in der Herzmitte – in Gottes Gegenwart – verwandeln in eine liebende Bewegung von innen nach außen, zur Welt hin.

In meiner regelmäßigen Meditation kommt es mir nicht so sehr auf Erfüllung an, sondern auf Treue. Das Äußere trägt mehr als das Innere, weil die äußere Ordnung nach einiger Zeit zur inneren wird. Und obwohl ich versuche, nicht ergebnisorientiert zu meditieren, habe ich die tiefsten Einsichten ins Leben hier gewinnen dürfen: innere Sammlungen von Gelassenheit und Lebenssinn, Unterscheidung von Wichtigem und Unwichtigem, Entscheidung für Gott. Ich habe die Erfahrung gemacht: Die Leere, die sich einstellt, ist kein Selbstzweck, weil Gott selbst sie füllen will. Er füllt mich aus, nachdem ich leer geworden bin. Das ist die Erfüllung jenseits der vielen Worte.

Beten

Ohne alle Texte sprich aus dir heraus.
Ohne alle Formeln formuliere dein Leben.
Ohne jede Sprache schweige laut vor Gott.

Nicht nur Ruhe, sondern Stille.
Nicht nur die Nerven, sondern das Herz.
Nicht du selbst, sondern Gott.

Es ist schon alles gesagt

Herr, mache mich still,
denn es ist alles schon gesagt.
So viele Worte, so viele Gebete
haben Menschen schon zu dir gesandt:
Dank und Bitte, Lob und Klage.

Ich will still sein vor dir,
leer werden, die Worte loslassen.
Und wenn du willst, Herr,
dann gib mir neue Gedanken,
neue Gefühle, neue Worte.

Herr, mache mich still,
denn ich habe schon alles gesagt.
Wo meine Worte verhallen,
meine Gebete verklungen sind,
gib du mir dein Wort – Jesus Christus.

Mit seinem Leben, seiner Botschaft,
seinen Zeichen, seinen Wundern,
seinem Sterben, seinem Ostern,
seiner Wiederkunft und seiner Vollendung
ist alles schon gesagt.

Ora et labora

Was wir beten, muss zu uns und zu Gott passen. Und was wir tun, sollte aus dem Gebet kommen. »Ora et labora«, sagen die Mönche, »bete und arbeite«. Unsere Gemeinden dürfen nicht nur Oratorium sein, sie müssen auch Laboratorium werden: Bethaus und Werkstatt. Was wir tun, wie wir leben, das alles kann und soll Gebet sein. Wir können nicht Christus in die fromme Ecke oder hinter die Sakristeitür einsperren, wir dürfen Gott und Welt nicht trennen. Schöne Liturgien feiern und die Welt sich selbst überlassen, das ist nicht im Sinne Jesu.

Ora et labora, das heißt auch: Anspannung und Entspannung müssen einander abwechseln, Aktion und Kontemplation ineinandergehen. Spiritualität als weltentrückter Raum jenseits des Lebens ist bloß religiöse Ideologie. Spiritualität, die das Leben liebt und prägt, ist Glaube.

Es gibt Christenmenschen, die meinen, besonders fromm zu sein, aber sie packen nichts richtig an. Gottes Sohn aber ist Mensch geworden in Jesus Christus, mit Hand und Fuß, aus Fleisch und Blut. Deshalb ist Glaube, der nicht Hand und Fuß bekommt, blutleer und lahm. »Inkarnationsverweigerung« (Inkarnation = Fleischwerdung, Menschwerdung) nenne ich dieses Phänomen, denn dann bleibt Glaube Religion, wird nicht weltlich und konkret. Ich selbst bin in der Mitte des Lebens und der frommen Worte längst überdrüssig, auch der charismatischen Selbstüberschätzung oder der klerikalen Arroganz. Die Frommen und Mächtigen erklären nur allzu schnell ihren eigenen Vogel zum Heiligen Geist. Paradoxerweise feiern die meisten dieser »Inkarnationsverweigerer« am liebsten Weihnachten (aber mehr auch nicht). Es muss romantisch sein, es geht um Herz, Schmerz und dies und das, es geht um die regressiven Gefühle einer vermeintlich heilen Kinderwelt. Das alles ist furchtbar nett, aber erschreckend folgenlos, das Leben ändert sich dadurch um keinen Deut. Man hat sich eingerichtet in seiner kleinen Welt, religiöse Rituale beruhigen die Seele, aber kein beunruhigender Glaube richtet in der Welt noch etwas aus.

Grundsätzlicher formuliert: »Der religiöse Akt ist immer etwas Partielles, der Glaube etwas Ganzes, ein Lebensakt. Jesus ruft nicht zu einer neuen Religion, sondern zum Leben« (Dietrich Bonhoeffer). Glaube und Leben müssen einander durchdringen, hier und jetzt, diesseitig und konkret: Ora et labora!

Beten ohne Arbeiten ist lahm, Arbeiten ohne Beten ist blind. Glaube ist absolut diesseitig. Spiritualität heißt Leben in Gottes Gegenwart, mit dem, was er uns zur Aufgabe macht, was wir als seinen Willen erkennen dürfen. Vielleicht ist es das, was der Apostel Paulus gemeint hat: »Betet ohne Unterlass« (1 Thessalonicher 5,17). Leben in Gottes Gegenwart, das Gebet der Tat, das Tun des Gebets; gebetetes Leben und gelebtes Gebet. Wer sich für andere die Hände nicht schmutzig machen will, der kann sie auch nicht falten. Nur mit dem Gesicht zur Welt kann ich zum Himmel aufschauen, und nur mit festem Boden unter den Füßen das Herz zu Gott erheben.

Beten und Leben

Was beten die Kinder?

Was beten die Kinder? Die Antwort ist ganz einfach: Die Kinder beten, wie und was die Erwachsenen beten. Wenn die Erwachsenen nicht beten, tun es die Kinder auch nicht. Wenn die Erwachsenen nur Kindergebete können, hören die Kinder auf zu beten, wenn sie erwachsen sind. Sie denken dann: Glaube ist ja bloß Kinderkram, das lassen wir bleiben. Tradition, die nur noch pädagogisch gebraucht und missbraucht wird, bricht ab. Das merken auch schon Kinder.

Glaube ist etwas für Erwachsene. Kinder können in diesen Glauben hineinwachsen, aber erfassen können sie ihn noch nicht. Brauchen sie auch nicht! Jesus hat die Kinder in den Arm genommen und gesegnet, er hat ihnen nicht gepredigt. Paulus hat Gemeinden gegründet, keine Kindergärten. Wenn der Glaube zu klein ist, wächst man heraus. Er muss zu groß sein, dann kann man hineinwachsen.

Das ist beim Beten wie mit der Bibel: Kinder müssen die biblischen Geschichten kennenlernen, damit sie sie können, wenn sie erwachsen sind. Die Interpretation der Bibel ergibt sich erst im erwachsenen Glauben. Kein Kind kann beispielsweise die Geschichte vom barmherzigen Vater (Lukas 15,11–32) verstehen, aber jedes Christenkind sollte sie lernen. Kein

Kind kann wie der verlorene Sohn freiwillig von zu Hause fortgehen, weil es ja noch abhängig ist. Es kann nicht zum verlorenen Sohn werden, solange ihm der Horizont der Freiheit, in die Gott uns stellt, völlig fremd ist. Aber jeder Christ sollte die Geschichte kennen, damit sie sich selbst interpretiert, wenn man sich im Leben verrannt hat, wenn also Umkehr angesagt ist. Dann brauche ich den Glauben an einen barmherzigen Gott, der da ist, auf mich wartet und mich festlich empfängt.

Was beten unsere Kinder? Wenn sie keine Vorbeter haben, beten sie gar nicht. Wenn sie Vorbeter haben, die selber religiös in den Kinderschuhen stecken, lassen sie es irgendwann bleiben. Oder sie verlassen sich, wenn es einmal fromm werden muss, auf den Esoterikmarkt inflationärer Engelbücher, das ist aber auch Kinderkram. Wenn sie erwachsene Vorbeter haben, lernen sie Beten: erst durch Nachahmung, dann durch Reflexion. Schließlich werden sie erwachsene Christen. Mehr als alle Kindergebetbücher, mehr als alle Kindergarten- und Grundschulpädagogik brauchen unsere Kinder erwachsene Christinnen und Christen, über deren Glauben man zuerst staunen kann, den man dann nachahmt und der schließlich zu einem eigenen, erwachsenen Glauben führt. Doch bis dahin ist es ein weiter Weg.

Nach meiner Erfahrung mit Familien steht es um das Gebet der Generationen ungefähr so: Es gibt wenige Familien mit Gebetspraxis und Kirchenbindung. Es gibt viele Familien ohne jede Gebetspraxis und Kirchenbindung. Es gibt einige Familien mit ungeklärter Kirchenbindung und einem ererbten magischen Gottesbild, das unreflektiert an die Kinder weitergegeben wird: Aberglaube, Sorgenpüppchen und Schutzengelgebete landen in der Suppe einer gemischten Religiosität, die vor allem dazu dient, sich selbst irgendwie beschützt zu fühlen. Das ist das naturreligiöse Bedürfnis nach eigener Sicherheit.

Die Glaubenstradition ist so weit abgebrochen, dass diejenigen, die noch oder wieder beten, es sehr bewusst tun. Die meisten aber tun es gar nicht, und wenn doch einmal, dann eher magisch-religiös als gläubig: Es wird gebetet und gebettelt, wenn man Sorgen hat, sozusagen an den Rändern des Lebens (Ängste, Trauer und Tod), nicht aber in dessen Mitte. Auch wenn es hart klingt: Nur von den wenigen gläubige Familien mit Gebetspraxis und Kirchenbindung ist zu erwarten, dass sie ihre Kinder das Beten lehren.

Erwachsen werden

Durch Jesus Christus, das heißt durch sein Leben, seine Botschaft, seinen Tod und seine Auferstehung, hat Gott uns als Kinder angenommen. Wir sind erlöst, Gott hat sich uns unwiderruflich geschenkt, nichts kann uns trennen von ihm, nicht einmal der Tod. Wir sind befreit von allem religiösen Leistungsdruck: Gottes Liebe ist unverdientes Geschenk, wir müssen uns bei ihm nicht mehr beliebt machen, uns nicht durch gut gemeinte Taten ängstlich absichern. Durch die Taufe ist uns zugesagt, dass wir jetzt schon als neue Menschen leben dürfen.

Das Erste im christlichen Glauben ist also das Geschenk des neuen Lebens, das uns Gott in Jesus Christus gemacht hat. Wer sich so von Gott geliebt weiß, wird darauf antworten. Deshalb ist das Zweite, dass wir dieses Geschenk im Leben sichtbar machen dürfen und sollen. Die Zusage ist: Du bist erlöst! Der Auftrag lautet: Mach durch dein Leben erfahrbar, dass Gott es gut mit uns meint!

Der christliche Glaube ist also nicht eine Zusammenstellung von Geboten und Verboten, Glaubenssätzen und Traditionen, sondern ein Leben aus der persönlichen Beziehung mit Jesus Christus. Das ist eine anspruchsvolle Angelegenheit und eigentlich nichts für Kinder. Die Familie darf die Kinder auf dem Weg eines erwachsenen Glaubens mitnehmen. Man kann dies in kindgerechter Weise tun, wenn man selber weiß, was einem der Glaube bedeutet. Sonst kann es leicht geschehen, dass auch der Glaube der Eltern zu einer Kindersache wird, die im Alltag nicht trägt.

Wenn ein Kind nicht wächst, ist es irgendwann ein Zwerg; der vielbeschworene Kinderglaube ist deshalb wohl meistens nur ein Zwergenglaube. Zeichen dieses Zwergenglaubens ist häufig die naive Vorstellung, Gott sei in einer Weise allmächtig, dass er wundersam ins Weltgeschehen eingreift, wenn man ihn nur herbeiruft. Es ist der Lückenbüßergott »ex machina« und der plumpe religiöse Handel um Segen und Glück. Mit Beziehung, Liebe und Freiheit hat das nichts zu tun.

Viele Menschen bleiben glaubensmäßig auf diesem Kinder- und Zwergenniveau stehen. In ihrer Beziehung zur Kirche verbleiben sie lebenslang in einer sich gegen alles und jeden auflehnenden Pubertät, die jede Autorität mitsamt den dahinterstehenden Inhalten und Traditionen unter Verdacht stellt. Der Glaube von Kindern, Zwergen und Pubertierenden ist für heranwachsende Kinder nicht interessant, weil er meistens nicht trägt. Allein der erwachsene Glaube hat missionarische Kraft auch in der Familie. Die erste Voraussetzung für ein Gebetsleben in der Familie ist also der bewusste und immer mehr erwachsen werdende Glaube der Eltern.

Beten in der Familie

Die erste Form des Gebets ist das Leben. Leben wird dort zum Gebet, wo es bewusst gelebt und gestaltet wird. Wo der berufliche Alltag dies zulässt, sind zum Beispiel die gemeinsamen Mahlzeiten, vor allem sonntags, mehr als nur Nahrungsaufnahme. Beim Mahl geschieht Kommunikation, beim Mahl entsteht Gemeinschaft (Kumpane teilen ihr Brot miteinander, im Gegensatz zu Eigenbrötlern). Auch das Vorlesen von Geschichten kann zu einer Form des Gebets werden. Die Geschichte schenkt Anteil am Erfahrungsschatz der Eltern und anderer Menschen; der Horizont weitet sich, Leben wird gedeutet, Sinn wird erfahren. Gleiches gilt für gemeinsam gestaltete Freizeit, für Spiel und Sport. Durch Symbole (Kerzen, Kreuz, Marienbild) wird der Glaube wie selbstverständlich in das alltägliche Leben der Familie hineingeholt.

GEBET MIT KLEINKINDERN

Jesus richtete seine Botschaft an Erwachsene. Den Kindern hat er segnend deutlich gemacht: Ihr seid von Gott geliebt! Damit brachte er seine Botschaft kindgerecht auf den Punkt. Die Familie ist eine Kirche im Kleinen, eine Hauskirche. Wenn Eltern ihre Kinder segnen, dann erfahren sie ein Zweifaches: Zum einen erfahren sie, dass Gott sie begleitet, zum anderen, dass auch die Eltern auf Gott und nicht nur auf ihre eigene Kraft vertrauen. Eltern, die ihre Kinder segnen und mit ihnen beten, relativieren sich selbst auf Gott hin. Nur er allein ist absolut. Eltern können zum Beispiel beim Zu-Bett-Bringen ein Kreuz auf die Stirn ihrer Kinder zeichnen. Auch in anderen Formen von Geborgenheit und Zärtlichkeit gewinnt das Kind jenes Urvertrauen, das es für eine gesunde Einstellung zur Welt, zu den Menschen, zu sich selbst und zu Gott braucht.

GEBET MIT KINDERN IM KINDERGARTENALTER

In diesem Alter kann sich der Blick weiten auf andere Menschen hin. Eltern können morgens, abends oder bei Tisch den Kindern an ihrem eigenen Beten Anteil geben. Dass die Kinder in den erwachsenen Glauben langsam hineinfinden ist besser, als den Glauben zu verkindlichen. Innerhalb ihres eigenen Betens können die Eltern Raum geben für die Anliegen und Bitten der Kinder. Man kann fragen: Für wen sollen wir jetzt beten, an wen besonders denken? Den Kindern wird schnell jemand einfallen. Im Danken sind Kinder häufig sogar die Lehrmeister der Erwachsenen. So wird schon in diesem Alter deutlich: Durch Jesus Christus, unseren Bruder, stehen wir Menschen in solidarischer Gemeinschaft vor Gott. Dabei sind die Eltern Vorbeter im Doppelsinn des Wortes: Sie beten zunächst vor und erst anschließend mit den Kindern, und sie beten ihnen vor.

GEBET IM GRUNDSCHULALTER

Spätestens im Grundschulalter sollte sich das Kind auch vorformulierte Gebete aneignen, die in der christlichen Tradition von großer Bedeutung sind, auswendig und inwendig. Dabei kommt es weniger auf das Verstehen als auf das Tun an, denn was der Mund nicht sagen kann, geht niemals zu Herzen. Wir beten von außen nach innen, und wir sprechen vor Gott eine Sprache, die größer und weiter ist, als es der eigene kleine Glaube je sein kann.

Wenn Menschen keine Worte mehr haben, dann können sie oft nicht anders, als auf diese Gebete zurückzugreifen. Außerdem machen sie das Christsein gemeinschaftsfähig. Wird die Vermittlung der Grundgebete allein der Katechese oder dem Religionsunterricht überlassen, so besteht die Gefahr, dass der Glaube zu einer Sonderwelt wird, der seinen Ort nur in der Kirche, in der frommen Ecke, am Rand, aber eben nicht mitten im Leben hat. Für das Kind kann der Eindruck entstehen: »Erwachsene brauchen keinen Gott. Wenn ich einmal groß bin, brauche ich auch keinen mehr, denn Gott ist nur etwas für Kinder.« Auswendiggelernte Grundgebete geben Anteil am Glauben der Erwachsenen und der ganzen Kirche als Gemeinschaft.

Leben mit der Kirche

Die Kirche als Gemeinschaft dankt Gott für Jesus Christus, denn durch ihn sind wir erlöste und befreite Menschen, unwiderruflich geliebt und berufen zum ewigen Leben. Das Leben Jesu Christi wird im Kirchenjahr immer wieder gefeiert, in Erinnerung gerufen und dadurch vergegenwärtigt. Wenn christlicher Glaube vor allem eine persönliche Beziehung zu Jesus Christus ist, und wenn dieser Glaube durch Verkündigung und Feier gestärkt und sakramental greifbar wird, dann ist er ohne das Leben mit der Kirche und ohne gegenseitiges Weggeleit der Christen untereinander nicht denkbar und vor allem nicht lebbar. Glaube ohne Kirche, das ist wie: »Hab mich lieb, aber pack' mich nicht an!« Weihnachten kann man nicht feiern, ohne die Kar- und Ostertage mitzuvollziehen. Feste kann man nicht feiern, wenn man den Alltag einer Gemeinde nicht kennt. Kinder können besser in einen erwachsenen Glauben hineinfinden, wenn sie lernen, ganz selbstverständlich mit der Kirche zu leben.

Jugendalter – Vorbild sein, ohne Druck auszuüben

Im Jugendalter wird sich, wie in vielen anderen Lebensbereichen, auch die religiöse Welt der Kinder von den Eltern ablösen. Hier zeigt sich, ob die religiösen Kinderschuhe ausgezogen und erwachsene Wege des Glaubens begonnen werden. Zu spät ist es dafür allerdings nie.

In religiös gleichgültigen Familien entschwindet der Kinderglaube hier wie ein alter Schirm, den man irgendwo hat stehen lassen und beim besten Willen nicht mehr weiß, wo. Der Glaube verdunstet einfach, wird nicht weiter vermisst oder schnell durch eine andere Überzeugung ersetzt, meistens durch Trivialdogmen wie Erfolg und Konsum, durch Desinteresse und Überdruss, immer häufiger auch durch religiöse Ideologien wie den Nationalismus. In gläubigen Familien sind jetzt endlose Diskussionen an der Tagesordnung. Die Jugendlichen versuchen, ihre eigene Existenz zu entwerfen, jemand Einmaliges und Unverwechselbares zu werden. Die Ablehnung überkommener Muster bei gleichzeitigem unreflektiertem Adaptieren von Verhaltensweisen von Gleichaltrigen oder von Idolen erzeugt nach außen hin ein ständiges inkonsequentes Durcheinander von Gefühlen.

Zwischen gläubigen Eltern und Kindern bleiben dann meistens nur wenige Gemeinsamkeiten. Wichtig ist, dass die Eltern ihrer Sache treu bleiben, dass sie Rechenschaft und Zeugnis geben von ihrem Glauben, ohne Druck auszuüben. Nicht nur überzeugen, sondern Zeugnis geben! Durch bewusst gestaltetes Leben bleiben sie Vorbilder weit über das Jugendalter ihrer Kinder hinaus. Wie schön und ermutigend, wenn diese dann spüren: »Unsere Eltern glauben und beten immer noch. Sie haben uns nicht um Gott betrogen.«

Gebet in der Gotteskrise

»Die Kirchenkrise ist in Wirklichkeit eine Gotteskrise«, so ist immer wieder zu hören. In unserer postmodernen Welt mit ihrem Zwang zur Erfindung des eigenen Lebens ist auch Religion willkommen – jeder so, wie er mag, unverbindlich und ohne Solidarität. Wellness für die Seele ist »in«, der Glaube an ein persönlich ansprechbares Du ist »out«, weil er Konsequenzen fordern würde, denn ernsthafte Beziehungen beruhen immer auf Gegenseitigkeit. Da wundert es einen kaum, dass auch das Gebet keine große Rolle mehr spielt.

Selbst in unseren Kerngemeinden erlebe ich zusehends, dass Menschen, die noch ab und zu zum Gottesdienst gehen, das persönliche Gebet längst eingestellt haben. Man betet in der Kirchenbank, aber nicht auf der Bettkante. Außer in Notzeiten, doch dadurch entsteht ein problematisch harmloses Gottesbild. Das Gebet jedoch ist der erste und ursprünglichste Ausdruck des Glaubens seit Menschengedenken. Alle Theologie kommt aus der Sprache der Gebete: Vor dem Nachdenken *über* Gott stand das Sprechen, Klagen und Schreien *zu* Gott.

Selbst viele Kirchenprofis (sogenannte Hauptamtliche, zuweilen auch Apparatschiks) erleben einen Zwiespalt: Sie befassen sich mit Kirchenstrukturen, organisieren und verwalten immer größer werdende Gemeinden. Und sollten doch eigentlich die Vorbeterinnen und Vorbeter ihrer Gemeinden sein. Auch ihr Gebet – Gottesdienst und Stundenliturgie – wird ohne das persönliche Beten hohl und leer. Man merkt einer Seelsorgerin, einem Seelsorger schnell an, ob sie oder er betet. Und man merkt ihren Andachten und Gottesdiensten an, ob sie nur vorgeschriebene oder zusammenkopierte Texte aneinanderreihen oder ob sie beten.

So ergänze ich die These »Die Kirchenkrise ist in Wirklichkeit eine Gotteskrise« mit dem Zusatz: »Und die Gotteskrise zeigt sich am ehesten in der Krise des Gebets.« Wenn das Gebet der erste Ausdruck des Glaubens ist, und wenn der Glaube allein die Kirche als Gemeinschaft zum Blühen bringen kann, dann ist die Wiederentdeckung des Gebets die beste Medizin gegen das Verdunsten des Glaubens, gegen Bedeutungsverlust und Christenmangel. Und wenn der Gottesdienst der Kirche, das gemeinschaftliche Beten, immer mehr zum Event wird, zur möglichst kurzweiligen, aber dafür groß angelegten Unterhaltung, weil er weniger oder gar nicht mehr vom Gebet getragen wird, dann ist das persönliche Beten per du das beste Mittel zur Verlebendigung der Kirche als Gemeinschaft und ihrer Liturgie. Und dann ist Beten einladend und zieht Kreise!

Möglichkeiten

Wenn du
heute nicht beten kannst,
lass es für heute bleiben!

Aber halte
den Platz frei
für das Gebet.

Wenn du
nicht beten willst,
tue es trotzdem!

Trage in Treue,
auch im Trocknen,
deinen Glauben durch.

Wenn du
beten musst,
sei auf der Hut!

Behüte sorgsam,
wovon du lebst;
es verliert sich leicht.

Wenn du
beten kannst,
freue dich tief!

Sage Dank,
wenn es gelingt:
du bist reich beschenkt.

Einladung

Wer Beten lernen will, ist eingeladen, einfach damit anzufangen. Das ist wie beim Schwimmen: Man braucht den Mut, ins Wasser zu steigen, fühlt sich erst einmal ziemlich tollpatschig, und dann geht – oder schwimmt – es sich immer besser. Es gibt Gott sei Dank kein *nur* richtiges und kein *nur* falsches Gebet. Gott hört es immer gern. Wer eintaucht in Gott, ist von ihm ganz umgeben. Er steht mit ihm in Kommunikation auf du und du. Wo die Beziehung das Wichtigste ist, haben die Worte und die Weisen weniger Bedeutung. Man versteht sich auch so.

Wenn ich mir bewusst mache: Er ist da und steht mir gegenüber mit dem Du seiner Liebe; sein Sohn Jesus Christus steht mir zur Seite, betet mit mir, nimmt mir jeden Leistungsdruck; sein Heiliger Geist ist die Beziehung, mit der ich immer beschenkt bin, auch wenn mein Beten und Bitten nicht mehr sein kann als ein Stammeln – wenn ich mir also bewusst mache, dass Gott nicht fern ist, sondern unendlich nahe: mir gegenüber (Gottvater), neben mir (Jesus Christus), ja sogar in mir (Heiliger Geist) – sollte mein Beten dann nicht gelungen sein, selbst wenn ich es für lächerlich, klein und kindlich halte?

Vielleicht tue ich mich noch schwer mit einer persönlichen Gottesbeziehung. Aber meine religiöse Offenheit ist bestimmt ein Weg dahin. Vielleicht ist das unterscheidend Christliche – die Erlösung durch Jesus Christus, die Befreiung von der Last der religiösen Leistung – noch nicht bis in mein Herz gedrungen. Aber die Faszination von seinem Leben und seiner Botschaft ist ein Weg zur Erkenntnis seiner Bedeutung. Vielleicht kann ich gar nicht glauben, dass Gott mir im Heiligen Geist unendlich nahe ist, näher als ich mir selber bin. Aber ich tröste mich schon mal mit der Gewissheit aus dem Römerbrief, dass Gottes Geist auch in mir seufzt mit unfasslichen Worten (Römer 8,26). Er ist einfach da, das soll mir fürs Erste genügen.

Es kann auch sein, dass ich mich zu keiner festen Gebetsweise, zu keiner Ordnung und keiner Übung durchringen kann. Dann bleibt es vielleicht vorerst doch beim Stillwerden in einer Kirche oder beim Stoßgebet, wenn mir danach ist. Ich kann zumindest darauf achten, dass mein Gebet Gott nicht zum Lückenbüßer macht, dass ich ihn nicht zu benutzen versuche für alles, was ich (noch) nicht (erklären) kann. Ich könnte dann fragen: Erwartet Gott gerade das, was ich von ihm erwarte, vielleicht von mir? Ich gebe meine Verantwortung nicht allzu schnell an ihn ab, sondern mache mein Leben zum Gebet. Je bewusster ich lebe, desto mehr Spiritualität steckt darin. Wenn das Gebet überhaupt wieder eine Rolle für mich zu spielen beginnt, dann bin ich auf einem guten Weg. Die Frage nach Gott will eine Antwort haben, sie führt zum Sprechen mit Gott, wenn man dranbleibt.

Ich könnte mir vornehmen: Bete auch auf der Bettkante. Morgens vor dem Aufstehen, abends beim Zubettgehen wenigstens eine kleine Aufmerksamkeit für Gott: »Ein neuer Tag, du wirst mich begleiten, hab Dank für den Tag, aber vergib mir auch. Hab Dank für mein Leben, ich darf dich bitten. Danke, dass du mir zuhörst.«

Ich mache mir bewusst: Mit dem Beten beginnt mein Glaube, mein Denken von Gott, meine ganz persönlich gelebte Theologie. Man merkt mir an, ob und wie ich bete. Gebete verändern nicht Gott, aber durch das Gebet verwandelt Gott mich und durch mich die Welt. Beten lerne ich nur durch Beten. Ich darf beginnen – in aller Freiheit und Einfachheit; einfach so, wie es kommt.

Weil ich bete

Ich kann Gott nicht beweisen.
Es gibt gute Gründe, zu glauben,
Hinweise vielleicht.
Aber ich sage zu ihm: du!
Ich glaube, weil ich bete.

Zum Autor

Stefan Jürgens, geb. 1968, Priesterweihe 1994, ist seit 2019 leitender Pfarrer der beiden Pfarreien Ahaus und Alstätte-Ottenstein St. Mariä Himmelfahrt mit ihren fünf Gemeinden. Zuvor war er Jugendseelsorger einer Region, Geistlicher Rektor einer Akademie sowie Pfarrer in Stadtlohn und Münster. Durch das »Wort zum Sonntag« sowie als Hörfunksprecher und Buchautor ist er über die Gemeindepastoral hinaus bekannt geworden. Zu seinen besonderen Anliegen gehören die geistliche Vertiefung des Glaubens sowie konkrete Schritte zur Reform der Kirche um des Evangeliums willen. Seine Freizeit nutzt er zum Schreiben und zum Musizieren. Bei Patmos ist erschienen: »Von der Magie zur Mystik. Der Weg zur Freiheit im Glauben« (2021).

Gemeinsam zu Gast beim Herrn

Ansgar Wucherpfennig
Wie hat Jesus Eucharistie gewollt?
Ein Blick zurück nach vorn

Format 12 x 19 cm
128 Seiten
Hardcover
ISBN 978-3-8436-1302-6

Jesus hat beim letzten Abendmahl mit seinen Jüngern eher an das Leben als an den Tod gedacht. Für ihn stand das Mahl, das gemeinsame Essen, im Mittelpunkt – nicht ein Sühneopfer. Entsprechend haben sich in der Frühzeit des Christentums Menschen zu Mahlfeiern getroffen, in denen sie die Gegenwart des Auferstandenen erfuhren. Diese Feiern hatten unterschiedliche Formen und waren doch in Einheit verbunden. Gastgeber der Eucharistiefeiern war und ist der auferstandene Jesus, über den keine Institution Macht beanspruchen kann. Der Blick in die Bibel zeigt: Über die Rolle von Frauen bei der Eucharistie und über die Möglichkeit ökumenischer Mahlfeiern ist das letzte Wort noch nicht gesprochen.

PATMOS

www.patmos.de

Schritte zum erwachsenen Glauben

Stefan Jürgens
Von der Magie zur Mystik
Der Weg zur Freiheit im Glauben

Format 14 x 22 cm
176 Seiten
Hardcover mit Leseband
ISBN 978-3-8436-1036-0

Viele Christen leben ihren Glauben so, als solle Gott durch fromme Leistung gnädig gestimmt werden. Stefan Jürgens erzählt, wie er selbst zu einem erwachsenen Glauben gefunden hat: nicht, weil *er* gut ist, sondern weil *Gott* gut ist. Er folgt den Spuren geistlicher Entwicklung, wie sie auch in der Bibel ihren Ausdruck finden. Er fragt nach den tieferen Ursachen für das Verharren im Kinderglauben. Entwickelte Spiritualität und Identität zeigt er als entscheidende Schritte zu einem erwachsenen Glauben auf, der nicht fordert, sondern fördert, der im Alltag trägt und der letztlich zur persönlichen Freiheit führt. Ein neuer Blick auf die Kirche und auf die wesentlichen Inhalte des Christentums macht dieses Buch zu einem Grundkurs des Glaubens.

www.patmos.de

VERLAGSGRUPPE PATMOS

PATMOS
ESCHBACH
GRÜNEWALD
THORBECKE
SCHWABEN
VER SACRUM

Die Verlagsgruppe
mit Sinn für das Leben

Für die Verlagsgruppe Patmos ist Nachhaltigkeit ein wichtiger Maßstab ihres Handelns. Wir achten daher auf den Einsatz umweltschonender Ressourcen und Materialien.

Bibelstellen, sofern nicht im Einzelfall anders angegeben:
Einheitsübersetzung der Heiligen Schrift
© 2016 Katholische Bibelanstalt, Stuttgart

Umschlaggestaltung: Finken & Bumiller, Stuttgart
Umschlagabbildung: Andrea_Zinn/ shutterstock.com
Satz: Schwabenverlag AG, Ostfildern
Druck: CPI books GmbH, Leck
Hergestellt in Deutschland
ISBN 978-3-8436-1367-5